I0528939

—— THE SPANISH ——
CONFESSION
OF THE CHRISTIAN FAITH

La Confesión Española de la Fe Cristiana

Dedicated to the elders and members of Sevilla Chapel,
a bilingual church community in St. Catharines, Ontario.
— Steven R. Martins

Dedicado a mi congregación, y a la iglesia hispana en general,
herederos de las verdades expresadas en esta confesión.
— Daniel J. Lobo

THE SPANISH
CONFESSION
OF THE CHRISTIAN FAITH

La Confesión Española de la Fe Cristiana

CASIODORO DE REINA

cántaro
publications

www.cantaroinstitute.org

The Spanish Confession of the Christian Faith (1560/61)
by Casiodoro de Reina, ed. Cipriano de Valera

Published by Cántaro Publications, a publishing imprint of the
Cántaro Institute, Jordan Station, ON.

© 2023 by Cántaro Institute. All rights reserved. Except for brief
quotations in critical publications or reviews, no part of this book
may be reproduced in any manner without prior written consent
from the publishers.

Book design by Steven R. Martins

Translation and editing by Steven R. Martins
and Daniel J. Lobo

Proofread by Andrés David Valencia

Library & Archives Canada
ISBN 978-1-990771-35-4

Printed in the United States of America

Introduction

WHEN WE SPEAK OF reformed confessions of faith, we refer to the confessions of faith of the sixteenth-and-seventeenth century protestant church communities. These confessions, as theologically rich expressions, articulate the protestant consensus on doctrine for the church adopting the confession. While some might more popularly recall the Second Helvetic Confession or the Canons of Dort, there are in fact 127 continental reformed confessions as listed by scholar J.T. Dennison Jr. in his 4-volume series *Reformed Confessions of the 16th and 17th Centuries*, these are:[1]

1. Zwingli's Sixty-Seven Articles (1523)
2. Zwingli's Short and Christian Instruction (1523)
3. The Ten Theses of Bern (1528)
4. The Confession of the East Friesland Preachers (1528)
5. William Farel's Summary (1529)

---

1. See James T. Dennison Jr., ed., *Reformed Confessions of the 16th and 17th Centuries in English Translation: Volume 1, 1523-1552* (USA: Reformation Heritage Books, 2008); Dennison Jr., ed., *Reformed Confessions of the 16th and 17th Centuries in English Translation: Volume 2, 1552-1566* (USA: Reformation Heritage Books, 2010); Dennison Jr., ed. *Reformed Confessions of the 16th and 17th Centuries in English Translation: Volume 3, 1567-1599* (USA: Reformation Heritage Books, 2012); Dennison Jr., ed. *Reformed Confessions of the 16th and 17th Centuries in English Translation: Volume 4, 1600-1693* (USA: Reformation Heritage Books, 2014).

6. Zwingli's Fidei ratio (1530)
7. The Tetrapolitan Confession (1530)
8. Confession of Vaudois (1530 or 1531)
9. Zwingli's Exposition of Christian Faith (1531)
10. Articles of the Bern Synod (1532)
11. The Synod of Chanforan (1532)
12. The Confession of Angrogna (1532)
13. The (First) Basel Confession (1534)
14. The Bohemian Confession (1535)
15. The Lausanne Articles (1536)
16. The First Helvetic Confession (Second Basel Confession) (1536)
17. Calvin's Catechism (1537)
18. Calvin's Geneva Confession of Faith (1536/37)
19. Calvin's Catechism (1538)
20. Waldensian Confession of Merindol (1541)
21. The Confession of the Waldensians of Provence (1543)
22. The Confession of the Vaudois of Merindol (1543)
23. Walloon Confession of Wessel (1544/45)
24. Calvin's Catechism (1545)
25. Juan Diaz's Suma de la Religión Cristiana (1546)
26. Juan Valdes' Catechism (1549)
27. Consensus Tigurinus (1549)
28. Thomas Cranmer's Anglican Catechism (1549)
29. The London Confession of John a Lasco (1551)
30. The Large Emden Catechism; or Catechism of the Immigrant Church in London (1551)
31. The Confession of the Glastonbury Congregation (1551)
32. Confessio Rhaetiae (1552)

33. Calvin's Consensus Genevensis (1552)
34. The Forty-Two Articles of the Church of England (1552/53)
35. Anglican Catechism (1553)
36. Emden Examination of Faith (1553)
37. The Frankfort Confession (1554)
38. The Emden Catechism (1554)
39. The Confession of Piotrków (1555)
40. Confession of the English Congregation at Geneva (1556)
41. Waldensian Confession of Turin (1556)
42. Confession of the Italian Church of Geneva (1558)
43. Guanabara Confession (1558)
44. Geneva Students' Confession (1559)
45. Confession of Marosvásárhley/Vásárhelyi (1559)
46. The French Confession (1559)
47. Confession of Pińczow (1559)
48. Lattanzio Ragnoni's Formulario (1559)
49. The Confession of Faith in the Geneva Bible (1560)
50. The Scottish Confession (1560)
51. The Waldensian Confession (1560)
52. The Prussian-Vilnian Discussion (1560)
53. Theodore Beza's Confession (1560)
54. The Confession of the Spanish Congregation of London (1560/61)
55. Waldensian Confession (1561)
56. Theodore Beza's Confession at Poissy (1561)
57. The Belgic Confession (1561)
58. The Hungarian Confessio Catholica (1562)
59. The Confession of Tarcal (1562) and Torda (1563)

Out of the 127 confessions (catechisms included), there is one in particular, however, which is of the utmost interest to the Cántaro Institute, which, as an organization, has part of its *modus operandi* to recover the riches of historic Protestantism for the renewal and edification of the contemporary church in the Anglo- and Hispanosphere. This confession is listed above as "The Confession of the Spanish Congregation of London (1560/1561)" (#54), yet this is not the appropriate title, nor does the attributed title do justice to what was intended by the spirit of the confession. This confession, being one which has been forgotten and neglected by most scholarship until only recently, is one that restores to the land of Spain, known for its ruthless anti-protestant persecution in the sixteenth-century, a crown jewel in its often-dismissed protestant heritage. The original title of this confession, in Old Castilian, is *La Confessión de la Fe Christiana* (1560/61), written and presented by Casiodoro de Reina (1520–1594), and edited by Cipriano de

Valera (1531–1602). Both these men are the same reformers who brought to the Spanish-speaking world the Bible in the vernacular Spanish tongue, the first being Reina's *La Biblia del Oso* of 1569, and later Valera's revision of Reina's work in *La Biblia del Cántaro* of 1602, both of which form the foundation of the Reina-Valera Bible translations known to most of the Spanish-speaking world today. When translated into English, the confession's title reads as: "The Confession of the Christian Faith." However, in order to (i) highlight the historical and religious significance of this confession; (ii) shed light on the contextual background from which this confession emerged; and (iii) recover the authorial intent of this confession; we present this confession to the world – for the first time under this particular title, and in a side-by-side bilingual format not before attempted with this confession, consisting of a modernized Spanish rendering of the text and a modern English translation – *The Spanish Confession of the Christian Faith*.

The Spanish Church of London, England

First, a word concerning the occasion which brought about this Confession: Having become a protestant believer while at the monastery of San Isodoro del Campo in Seville, Spain, Reina led several underground gatherings of like-minded believers who had a passion to learn the recovered biblical doctrines of grace and to disseminate these truths throughout the Spanish-speaking world. The Spanish Inquisition, however, which had been looking at the time for an enemy to justify its existence – after having dealt with the Muslims and the Jews in their own way – turned its gaze toward the protestants, and with Spain vying to be the champion of Catholic orthodoxy, protestants inevitably came under the most fiercest and cruelest persecution. Before the protestants of Seville were found out,

however, both Reina and Valera, amongst several others, managed to flee the country for the safety of their lives. Reina spent a short time in Geneva, but later landed in England, which had opened its doors for protestant refugees, and it would be on English land that Reina would begin to employ his gifts more meaningfully since his departure from Spain as a minister called by God.

Upon arriving in London, England, Reina is believed to have surveyed the protestant church bodies already established, and this led to his conclusion that though there was a church body, or consistory, for the Italians and the French, both of whom were likewise protestant refugees, there was not one for the Castilians. And there was certainly no shortage of Spanish protestant refugees. This eventually led to Reina petitioning the Queen of England, who was the one to have offered refuge to protestant refugees abroad, for permission to plant and establish a distinctly Spanish church. This petition, or appeal, to the Queen was not one birthed out of his own initiative, otherwise he would have failed to have caught the attention of the Queen. Instead, it is clear that he had surveyed the interest of other Spanish protestant refugees before he consulted with the Bishop responsible for communicating such affairs. The response from the Queen was positive, and the crown provided him with what he needed to plant the church. However, in order for the church that he would form to be officially recognized as a Spanish consistory, he had to first present a confession of faith to the other protestant consistories in London (the French, Italians, etc.) in order to demonstrate that they held to the same confession of faith. Reina encountered resistance after having presented his *Confession*, which had been edited by Valera prior to its presentation, but he persisted nonetheless

to plant and pastor the Spanish reformed church in London, not being stopped by disputes of minor, secondary doctrinal importance. And when Reina was forced to flee to other lands, Valera took over the reigns of the London-based church, carrying on what Reina had planted, and what the *Confession* had accomplished.

All things considered, Reina's *Confession* is worth reading and embracing as the gem that it is, a reformational gem birthed from the work of the Holy Spirit in Spain, and amongst God's people who forsook everything in order to embrace the truth of the Christian Scriptures. *The Spanish Confession of the Christian Faith* is truthfully a significant treasure from the sixteen-century protestant reformation, and it has garnered attention again with a fresh reformation wave splashing across Iberoamerica today.

The Reformational Vision of the Confession

Secondly, a word must be said concerning the reformational vision behind this *Confession*. It was Reina's, Valera's, and all the other Spanish protestants' desire to see the Spanish-speaking church reformed to the truth of Scripture, cleansed from the pagan, humanistic toxins which had sickened and corrupted the institutional church, and renewed with strength and vigor to carry out the mission entrusted to the church by our Lord Jesus Christ. While the *Confession* may have been written for a sixteenth-century context, its vision stretches far beyond Reina's generation and well into future generations – it could even be said, up to the time of the *Parousia*.

That reformational motto, *Ecclesia Semper Reformanda*, translated as "the church always reforming", was in truth the vision of the protestant reformers, that the church *should* al-

ways be reforming, seeking greater faithfulness in its confession, witness, faith and practice as we learn and grow in our knowledge of the Word of God. This reformational vision is *our* vision as an institute, that is why we are hard at work towards advancing the reformational, Christian worldview, for the reformation and renewal of the church and culture. We believe, faithful to the vision of the reformers, that as the church returns to the fount of Scripture as her ultimate authority for all knowing and living, and wisely applies God's truth to every aspect of life, her missiological activity will result in not only the renewal of the human person but also the reformation of culture, an inevitable result when the true scope and nature of the gospel is made known and applied.

This publication of *The Spanish Confession of the Christian Faith* is in tribute to that noble and virtuous cause. May it spark within our hearts a passion and tempered zeal for an on-going and never-ending reformation until Christ returns.

Soli Deo Gloria

Steven R. Martins
Daniel J. Lobo
Founding Directors
Cántaro Institute, Dec. 2023

Introducción

C UANDO HABLAMOS de confesiones reformadas de fe, nos referimos a las confesiones de fe de las comunidades eclesiásticas protestantes del siglo XVI y XVII. Estas confesiones, como expresiones teológicamente ricas, articulan el consenso protestante sobre la doctrina para la iglesia que adopta la confesión. Mientras que algunos pueden recordar más popularmente la Segunda Confesión Helvética o los Cánones de Dort, de hecho, existen 127 confesiones reformadas continentales, según la lista del erudito J.T. Dennison Jr. en su serie de 4 volúmenes *Reformed Confessions of the 16th and 17th Centuries*. Estas son:[1]

1. Los Sesenta y Siete Artículos de Zwinglio (1523)
2. La Breve y Cristiana Instrucción de Zwinglio (1523)
3. Las Diez Tesis de Berna (1528)

---

1. See James T. Dennison Jr., ed., *Reformed Confessions of the 16ᵗʰ and 17ᵗʰ Centuries in English Translation: Volume 1, 1523-1552* (USA: Reformation Heritage Books, 2008); Dennison Jr., ed., *Reformed Confessions of the 16ᵗʰ and 17ᵗʰ Centuries in English Translation: Volume 2, 1552-1566* (USA: Reformation Heritage Books, 2010); Dennison Jr., ed. *Reformed Confessions of the 16ᵗʰ and 17ᵗʰ Centuries in English Translation: Volume 3, 1567-1599* (USA: Reformation Heritage Books, 2012); Dennison Jr., ed. *Reformed Confessions of the 16th and 17th Centuries in English Translation: Volume 4, 1600-1693* (USA: Reformation Heritage Books, 2014).

4. La Confesión de los Predicadores de Frisia Oriental (1528)

5. Resumen de Guillermo Farel (1529)

6. Ratio Fidei de Zwinglio (1530)

7. La Confesión Tetrapolitana (1530)

8. Confesión de los Valdenses (1530 o 1531)

9. Exposición de la Fe Cristiana de Zwinglio (1531)

10. Artículos del Sínodo de Berna (1532)

11. El Sínodo de Chanforán (1532)

12. La Confesión de Angrogna (1532)

13. La (Primera) Confesión de Basilea (1534)

14. La Confesión Bohemia (1535)

15. Los Artículos de Lausana (1536)

16. La Primera Confesión Helvética (Segunda Confesión de Basilea) (1536)

17. Catecismo de Calvino (1537)

18. Confesión de Fe de Ginebra de Calvino (1536/37)

19. Catecismo de Calvino (1538)

20. Confesión Valdense de Merindol (1541)

21. La Confesión de los Valdenses de Provenza (1543)

22. La Confesión de los Valdenses de Merindol (1543)

23. Confesión Valona de Wessel (1544/45)

24. Catecismo de Calvino (1545)

25. Suma de la Religión Cristiana de Juan Díaz (1546)

26. Catecismo de Juan Valdés (1549)

27. Consenso Tigurino (1549)

28. Catecismo Anglicano de Thomas Cranmer (1549)

29. La Confesión de Londres de Juan a Lasco (1551)

107. Coloquio de Leipzig (1631)

108. La Confesión Bautista de Londres (1644)

109. Breve Confesión de la Asamblea de Westminster (1645)

110. Coloquio de Thorn (1645)

111. La Confesión de Fe de Westminster (1646)

112. La Confesión de Londres (1646)

113. Apéndice Bautista de Benjamin Cox (1646)

114. Catecismo Mayor de Westminster (1647)

115. Catecismo Menor de Westminster (1647)

116. Las Tesis de Ginebra (1649)

117. La Plataforma de Cambridge (1648)

118. Los Principios de la Fe (1652)

119. Una Nueva Confesión de Fe (1654)

120. La Confesión de los Midlands (1655)

121. Confesión Valdense (1655)

122. La Confesión de Somerset (1656)

123. La Declaración de Savoy (1658)

124. Confesión Valdense (1662)

125. La Fórmula Consensus Helvetica (1675)

126. La Confesión Bautista de Londres (1677)

127. El Catecismo Bautista (1693)

De las 127 confesiones (incluídos los catecismos), hay una en particular que es de sumo interés para el Cántaro Institute, el cual, como organización, tiene como parte de su *modus operandi* recuperar las riquezas del protestantismo histórico para la renovación y edificación de la iglesia contemporánea en el anglo e hispanosfera. Esta confesión se menciona anteriormente

como "La Confesión de la Congregación Española de Londres (1560/61)" (#54), sin embargo, este no es el título apropiado, ni el título atribuido hace justicia a lo que se pretendía por el espíritu de la confesión. Esta confesión, siendo una que ha sido olvidada y descuidada por la mayoría de la erudición hasta hace poco, es aquella que devuelve a la tierra de España, conocida por su despiadada persecución antiprotestante en el siglo XVI, una joya en su a menudo desestimado patrimonio protestante. El título original de esta confesión, en castellano antiguo, es *La Confesión de la Fe Christiana* (1560/61), escrita y presentada por Casiodoro de Reina (1520-1594), y editada por Cipriano de Valera (1531-1602). Ambos hombres son los mismos reformadores que llevaron al mundo de habla hispana la Biblia en la lengua vernácula del español, siendo la primera la *Biblia del Oso* de Reina de 1569, y luego la revisión de la obra de Reina por Valera en la *Biblia del Cántaro* de 1602, ambas formando la base de las traducciones de la Biblia Reina-Valera conocidas por la mayoría del mundo de habla hispana hoy. Para poder (i) resaltar la importancia histórica y religiosa de esta confesión; (ii) arrojar luz sobre el contexto desde el cual surgió; y (iii) recuperar su intención autoral; presentamos esta confesión al mundo, por primera vez bajo este título en particular y en un formato bilingüe lado a lado, no antes intentado con esta confesión, que consiste en una versión modernizada del texto en español y una traducción moderna al inglés: *La Confesión Española de la Fe Cristiana.*

La Iglesia Española de Londres, Inglaterra

En primer lugar, unas palabras sobre la ocasión que dio origen a esta Confesión: Haberse convertido en un creyente protestante mientras estaba en el monasterio de San Isidoro del Campo en Sevilla, España, llevó a Reina a liderar varias reuniones clan-

destinas de creyentes afines que tenían la pasión de aprender las recuperadas doctrinas bíblicas de la gracia, y difundir estas verdades en todo el mundo de habla hispana. Sin embargo, la Inquisición Española, que en ese momento buscaba un enemigo para justificar su existencia, después de tratar con los musulmanes y los judíos a su manera, volvió su mirada hacia los protestantes. Con España compitiendo por ser la campeona de la ortodoxia católica, los protestantes inevitablemente sufrieron la persecución más feroz y cruel. Antes de que se descubriera a los protestantes de Sevilla, tanto Reina como Valera, entre varios otros, lograron huir del país para salvar sus vidas. Reina pasó poco tiempo en Ginebra, pero luego llegó a Inglaterra, que había abierto sus puertas a los refugiados protestantes, y sería en suelo inglés donde Reina comenzaría a emplear sus dones de manera más significativa desde su partida de España como ministro llamado por Dios.

Al llegar a Londres, Inglaterra, se cree que Reina evaluó las congregaciones protestantes ya establecidas, y esto lo llevó a concluir que, aunque había una congregación, o consistorio, para los italianos y los franceses, ambos también refugiados protestantes, no había uno para los castellanos. Y ciertamente no faltaban refugiados protestantes españoles. Esto llevó eventualmente a Reina a solicitar a la Reina de Inglaterra, quien fue la que ofreció refugio a los refugiados protestantes en el extranjero, permiso para plantar y establecer una iglesia específicamente española. Esta petición, o apelación, a la Reina no fue algo surgido de su propia iniciativa, de lo contrario no habría llamado la atención de la Reina. En cambio, está claro que había evaluado el interés de otros refugiados protestantes españoles antes de consultar con el obispo responsable de comunicar tales asuntos. La respuesta de la Reina fue positiva, y la corona le

proporcionó lo necesario para plantar la iglesia. Sin embargo, para que la iglesia que formaría fuera reconocida oficialmente como un consistorio español, primero tuvo que presentar una confesión de fe a los otros consistorios protestantes en Londres (los franceses, italianos, etc.) para demostrar que compartían la misma confesión de fe. Reina encontró resistencia después de presentar su Confesión, que había sido editada por Valera antes de su presentación, pero persistió de todos modos para plantar y pastorear la iglesia reformada española en Londres, sin detenerse por disputas de importancia doctrinal secundaria. Y cuando Reina se vio obligado a huir a otras tierras, Valera asumió el liderazgo de la iglesia con sede en Londres, continuando lo que Reina había plantado y lo que la Confesión había logrado.

Teniendo todo en cuenta, la Confesión de Reina es digna de ser leída y abrazada como la joya que es, una joya reformadora nacida del trabajo del Espíritu Santo en España y entre el pueblo de Dios que abandonó todo para abrazar la verdad de las Escrituras Cristianas. *La Confesión Española de la Fe Cristiana* es verdaderamente un tesoro significativo de la Reforma protestante del siglo XVI, y ha vuelto a llamar la atención con una nueva ola de reforma pasando por Iberoamérica hoy en día.

La visión reformadora de la Confesión

En segundo lugar, es necesario hablar sobre la visión reformadora detrás de esta *Confesión*. Fue el deseo de Reina, Valera y todos los demás protestantes españoles ver reformada a la iglesia de habla hispana a la verdad de la Escritura, purificada de las toxinas paganas y humanísticas que habían enfermado y corrompido a la iglesia institucional, y renovada con fuerza y vigor para llevar a cabo la misión confiada a la iglesia por nuestro Señor Jesucristo. Aunque la Confesión pudo haber sido

escrita para un contexto del siglo XVI, su visión se extiende mucho más allá de la generación de Reina y bien entrado en las generaciones futuras, incluso hasta el tiempo de la *Parousía*.

Ese lema reformador, *Ecclesia Semper Reformanda*, traducido como "la iglesia siempre reformándose", fue en verdad la visión de los reformadores protestantes; que la iglesia *siempre* debería estar reformándose, buscando una mayor fidelidad en su confesión, testimonio, fe y práctica a medida que aprendemos y crecemos en nuestro conocimiento de la Palabra de Dios. Esta visión reformadora es *nuestra* visión como instituto. Por eso estamos trabajando arduamente para avanzar la cosmovisión cristiana y reformadora, para la reforma y renovación de la iglesia y la cultura. Creemos, fieles a la visión de los reformadores, que cuando la iglesia regrese a la fuente de la Escritura como su autoridad última para todo conocimiento y vida, y aplique sabiamente la verdad de Dios a cada aspecto de la vida, su actividad misionera resultará no solo en la renovación de la persona humana, sino también en la reforma de la cultura, un resultado inevitable cuando se da a conocer y se aplica el verdadero alcance y naturaleza del evangelio.

Esta publicación de *La Confesión Española de la Fe Cristiana* rinde homenaje a esa noble y virtuosa causa. Que encienda en nuestros corazones una pasión y un celo templado por una reforma continua y sin fin hasta que Cristo regrese.

Soli Deo Gloria

Steven R. Martins
Daniel J. Lobo
Directores Fundadores
Cántaro Institute, Dec. 2023

The Spanish Confession of the Christian Faith
La Confesión Española de la Fe Cristiana

by Casiodoro de Reina (1520-1594),
ed. Cipriano de Valera (1531-1601)

Translated and edited by
Steven R. Martins and Daniel J. Lobo

Confession of the Christian Faith, written by some of the Spanish faithful, who, fleeing from the abuses of the Roman Church and the cruelty of the Spanish Inquisition, left their homeland to be received by the Church of the faithful, by fellow brothers in Christ.

Confesión de Fe cristiana, escrita por algunos fieles españoles, los cuales, huyendo de los abusos de la Iglesia romana y de la crueldad de la Inquisición de España, dejaron su patria para ser recibidos por la Iglesia de los fieles, por los hermanos en Cristo.

Editorial Note:

Numbered footnotes are comments and notes made by the editors.
Lettered endnotes are original to the manuscript of the Confession that was used for our translation.

Nota editorial:

Las notas a pie numeradas son comentarios y observaciones realizadas por los editores.
Las notas al final con letras son originales del manuscrito de la Confesión que usamos para nuestra traducción.

CONTENTS

Of all the chapters of the Spanish Confession

ÍNDICE

de todos [los] capítulos de la Confesión Española

TO THE CHURCH OF THE LORD JESUS CHRIST

gathered in London in the name of the same Lord, the Spanish brothers who, fleeing the abominations of the papacy, have gathered to her: grace and peace from God our only Redeemer.

AFTER THE LORD, by His sole mercy, has done us this great favor of giving us ears to hear His voice,[a] so that, included in the number of His small flock, we would follow Him as our only Shepherd, nothing we have desired more in this life than to be in the company of those to whom He has shown the same kindness. Not because we understand that the Church of the Lord and the abundance of heavenly blessings communicated by Him are bound to certain places, times, or people,[b] but because we know, taught by His Word, that wherever He gathers it, there He sends His blessing and the rain of His great mercies.[c] For this reason, we left our homeland and the comforts of life we had there of our own free will, before the world, as it is accustomed to do, or any other temporal necessity forced us to leave them. We considered it very fortunate if, one day, the Lord would grant us the great privilege, above all others, to physically join such a holy company to share in both their works and afflictions, as well as in the gifts that the Lord has bestowed upon them, and that they would share in ours.

So, dearly beloved brethren in the Lord, as we believe that your company is the one we seek, namely, the Church of the Lord Jesus Christ, we declare to you our desire, which is to celebrate with you the communion of the Saints, not only in terms of its holy sacrament, which is the Lord's Supper, but

A LA IGLESIA DEL SEÑOR JESUCRISTO

congregada en Londres en nombre del mismo Señor, los hermanos españoles que, huyendo las abominaciones del papado, acuden a ella: gracia y paz de Dios nuestro único Redentor.

DESPUÉS DE QUE EL SEÑOR por su sola misericordia nos ha hecho este tan grande bien de darnos oídos para escuchar su voz,[a] de modo que, incluidos en el número de su pequeña manada, le siguiéramos como a nuestro único Pastor, nada hemos deseado más en esta vida que hallarnos en la compañía de aquellos a quienes Él ha mostrado la misma bondad. No porque entendamos que la Iglesia del Señor, y la abundancia de bienes celestiales que por Él le son comunicados, esté ligada a ciertos lugares, tiempos o personas;[b] sino porque sabemos, enseñados por su Palabra, que dondequiera que Él la reúna, allí le envía su bendición y la lluvia de sus grandes misericordias.[c] Por esta razón, dejamos nuestra patria y las comodidades de vida que en ella teníamos, por nuestra libre voluntad, antes de que el mundo, como tiene por costumbre, u otra necesidad temporal, nos obligara a dejarlas; teniendo por suerte muy dichosa, si algún día el Señor nos concediera tan grande favor, sobre los demás, de unirnos corporalmente a tan santa compañía para participar tanto de sus obras y aflicciones como de los dones que el Señor le ha comunicado, y que ella participara de los nuestros.

Así, hermanos muy amados en el Señor, en tanto que creemos que vuestra compañía es la que nosotros buscamos, siendo esta, a saber, la Iglesia del Señor Jesucristo, os declaramos este

also in terms of what it signifies to us. For it has pleased the heavenly Father, through Jesus Christ, to make us one people in Him, to give us one Spirit and one desire for His glory, to call us to one heavenly inheritance, to mark us with the same marks of love and the cross of the Lord Jesus, and ultimately to be the Father of us all.

So that you may better understand (as far as it concerns us), we now give you our Confession of Faith, by which you can learn what we believe and what kind of doctrine we profess, trusting in Christian sincerity and the love that the Lord will have given you for your brethren, that you will receive it, read it, and interpret it with all honesty, just as we also offer it to you.

We fervently pray to the Lord that He may grant us one mind and one will in Him, so that there may be no division found in His Church, where the greatest unity is professed in His name. Amen.

London, January 4, 1559.[1]

---

1. The date listed by Reina as the 4th of January is not the right date as to when the Confession was presented. According to the *Actes* of the French Consistory, the Confession was presented on the 21st of January 1561. Due to calendar conflicts between England and the rest of Europe, dates were confusing, even for scholars as per Gordon A. Kindle. As a result, Reina may have thought to have recorded the actual date of presentation, but he was confused by England's calendar. Consider, for example, that during Reina's time, England's New Year's Day was March 25, that means that the two months prior and most of March then lie in the previous year.; Casiodoro de Reina, *Confession de Fe Christiana: The Spanish Protestant Confession of Faith*, ed., A. Gordon Kinder (London: University of Exeter, 1560/61),

nuestro deseo, el cual es celebrar con vosotros la comunión de los Santos, no solamente en cuanto a su santo sacramento, que es la Cena del Señor, sino también en cuanto a lo que este significa para nosotros; pues ha placido al Padre celestial, por medio de Jesucristo, hacernos en Él un mismo pueblo, darnos un mismo Espíritu y un mismo deseo de su gloria, llamarnos a una misma heredad celestial, marcarnos con las mismas marcas de amor y de la cruz del Señor Jesús, y finalmente ser Él el Padre de todos nosotros.

Para que mejor os conste (en lo que a nosotros corresponde), os damos ahora nuestra Confesión de Fe, por la cual podréis conocer lo que creemos y qué tipo de doctrina profesamos, confiando en la sinceridad cristiana y en el amor que el Señor os habrá dado para con vuestros hermanos, que la recibiréis, leeréis e interpretaréis con toda honestidad, así como nosotros igualmente os la ofrecemos.

Rogamos al Señor con todo fervor que nos dé un mismo sentir y querer en Él, para que no sea hallada división en su Iglesia, donde en su nombre se profesa la mayor unidad. Amén.

Londres, 4 de enero de 1559.[1]

---

1. La fecha indicada por Reina como el 4 de enero no es la fecha correcta en cuanto a cuándo se presentó la Confesión. Según las *Actes* del Consistorio Francés, la Confesión fue presentada el 21 de enero de 1561. Debido a los conflictos de calendario entre Inglaterra y el resto de Europa, las fechas eran confusas, incluso para los eruditos, según Gordon A. Kindle. Como resultado, Reina puede haber pensado que había registrado la fecha real de presentación, pero estaba confundido por el calendario de Inglaterra. Consideremos, por ejemplo, que durante la época de Reina, el día de Año Nuevo de Inglaterra fue el 25 de marzo, eso significa que los dos meses anteriores y la mayor parte de marzo se encuentran en el año anterior; Casiodoro de Reina,

^a John 10

^b Matthew 16

^c Psalm 133:67

---

x.; Gordon A. Kinder, *Casiodoro de Reina: Spanish Reformer of the Sixteenth Century* (London, UK.: Tamesis Books Limited, 1975), 21.

[a] Juan 10

[b] Mateo 16

[c] Salmo 133:67

Confesion de Fe Cristiana: The Spanish Protestant Confesion of Faith,
ed., A. Gordon Kinder (Londres: University of Exeter, 1560/61),
x.; Gordon A. Kinder, *Casiodoro de Reina: Spanish Reformer of the
Sixteenth Century* (Londres, UK.: Tamesis Books Limited, 1975), 21.

FIRST CHAPTER
of the Spanish Confession

ON GOD

I. Firstly, we believe and confess that there is one God,[a] of a spiritual nature,[b] eternal, infinite[c] in power,[d] wisdom, and goodness,[f] just,[g] abhorring and rigorously punishing sin,[h] merciful and kind beyond what can be expressed in words towards all who love Him and obey His commandments.[2]

II. We also believe that within this divine and spiritual nature exists the Father, who is the origin and source of both divinity and all that exists in heaven and on earth.[i] We call Him by the name of Father, especially because He is the Father of Jesus Christ, His Eternal Word,[j] His firstborn and only Son,[k] and because of Him, He is also the Father of all the faithful who truly and vividly know and believe in Him and confess Him with a godly and pure life.[l]

There is the Son, who, as mentioned, is Jesus Christ, the natural portrait and express image of the Father's person,[m] the firstborn before all creation,[n] and the head[o] of the Church.[3]

---

2. From "Primeramente creemos..." to "y bondad, justo...", the wording in Spanish is exact to the Gallican Confession (1559), Article I by the reformed church of France, and the Belgic Confession (1561), Article I: The Only God.

3. Reina faced criticism for this section of the confession, at first read-

7

PRIMER CAPÍTULO
de la Confesión Española

DE DIOS

I. Primeramente creemos y confesamos que hay un solo Dios,[a] de naturaleza espiritual,[b] eterno, infinito,[c] de infinito poder,[d] sabiduría[e] y bondad,[f] justo,[g] aborrecedor y riguroso castigador del pecado,[h] misericordioso y benigno más de lo que se puede declarar por palabra para con todos los que lo aman y obedecen sus mandamientos.[2]

II. Creemos asimismo que en esta naturaleza divina y espiritual existe el Padre, el cual es principio y fuente tanto de la divinidad como de todo lo que existe en el cielo y en la tierra:[i] al cual llamamos por este nombre de Padre, especialmente por ser Padre de Jesucristo, su Verbo Eterno,[j] primogénito y único Hijo suyo,[k] y porque a causa de Él, es Padre también de todos los fieles que con fe verdadera y viva le conocen y creen en Él, y con vida piadosa y pura le confiesan.

Existe el Hijo, el cual, como se ha dicho, es Jesucristo, el retrato natural y expresa imagen de la persona del Padre,[m] primogénito antes de toda criatura[n] y cabeza[o] de toda la Iglesia.[3]

---

2. De «Primeramente creemos...» a «y bondad, justo...», la redacción en español es exacta a la Confesión Gallicana (1559), Artículo I por la iglesia reformada de Francia, y la Confesión Belga (1561), Artículo I: El único Dios.

3. Reina enfrentó críticas por esta sección de la confesión. En primera

There is the Holy Spirit, who is the power and effectiveness of divinity, manifesting in all of God's works and more clearly in the governance of the entire Church of Jesus Christ. It is especially felt in the hearts of the pious, regenerated by Him, and is declared and revealed through His words and actions.

III. We believe that these three persons exist in the same substance, nature, and essence of one God, distinct in such a way that the Father is not the Son or the Holy Spirit, the Son is not the Father or the Holy Spirit, and the Holy Spirit is not the Father or the Son. This does not diminish the unity and simplicity of one God because there is not more than one divine and most simple being in these three persons, as we find declared by God Himself in His Holy Word, and as we are taught by it, we know, worship, and confess thus.

IV. Although we understand that every faithful person should conform to the ways of speaking that God uses in it, especially when revealing mysteries like this, where human reason cannot comprehend, we still, to conform with the entire Church of the pious, accept the terms "Trinity" and "Person," which were used by the Fathers of the ancient Church. They borrowed these terms, not without great necessity, to clarify their feelings against the errors and heresies of their times regarding this article.

---

ing it can appear Arian, a fourth century heresy that held that Jesus was a divine creature, a creation of the Creator as opposed to the uncreated Creator himself. However, as the following paragraphs indicate, Reina was not Arian and affirmed Jesus as equal in nature and substance to the Father. See Kinder, *Casiodoro de Reina*, 100, 103.

Existe el Espíritu Santo, el cual es la fuerza y eficacia de la divinidad, que se muestra de forma general en todas las obras de Dios, y más claramente en el gobierno de toda la Iglesia de Jesucristo; y especialmente se siente en los corazones de los piadosos regenerados por Él, y se declara y manifiesta por medio de sus palabras y obras.

III. Creemos que estas tres personas existen en la misma substancia, naturaleza y esencia de un Dios, distintas de tal manera que el Padre no es el Hijo ni el Espíritu Santo, ni el Hijo es el Padre ni el Espíritu Santo, ni el Espíritu Santo es el Padre ni el Hijo. Esto sin derogar a la unidad y simplicidad de un solo Dios, por no haber en estas tres personas más de un ser divino y simplicísimo, según lo encontramos declarado por el mismo Dios en su Santa Palabra, y enseñados por ella lo conocemos, adoramos y confesamos así.

IV. Y aunque entendemos que todo hombre fiel se debe conformar con las maneras de hablar que Dios utiliza en ella, mayormente al manifestar misterios semejantes a este, donde la razón humana ni alcanza ni puede; con todo, para conformarnos con toda la Iglesia de los piadosos, admitimos los nombres de Trinidad y Persona, los cuales usaron los Padres de la Iglesia antigua, tomándolos prestados (no sin gran necesidad) para declarar lo que sentían en contra de los errores y herejías de sus tiempos acerca de este artículo.

---

lectura puede parecer arriana, una herejía del siglo IV que enseñó que Jesús era una criatura divina, una creación del Creador en contraposición al Creador no creado. Sin embargo, como indican los párrafos siguientes, Reina no era arriano y afirmó a Jesús como igual en naturaleza y sustancia al Padre. Consúltese Kinder, *Casiodoro de Reina*, 100, 103.

V. Through this Confession, we claim to be members of the universal Church and have no connection with any ancient or modern sect or heresy that denies the distinction of persons in the unity of the divine nature, confuses their properties and roles, or deprives Jesus Christ or the Holy Spirit of their being and dignity as God, placing them in the order of creatures.

[a] Deuteronomy 6

[b] John 1:4

[c] Romans 6

[d] Genesis 17

[e] Job 5

[f] Matthew 19

[g] Psalm 11

[h] Exodus 20; Psalm 5

[i] Psalm 1; Hebrews 1; Luke 1

[j] John 1

[k] Romans 8; Hebrews 1

[l] John 1

[m] 2 Corinthians 3, 4

[n] Hebrews 1

[o] Ephesians 2, 4

V. Mediante esta Confesión reclamamos que somos miembros de la Iglesia universal, y que ninguna relación tenemos con ninguna secta o herejía antigua ni moderna que niegue la distinción de las personas en la unidad de la divina naturaleza, o confunda las propiedades y oficios de cada una de ellas, o despoje a Jesucristo o al Espíritu Santo del ser y dignidad de Dios, colocándolos en el orden de las criaturas.

[a] Deuteronomio 6

[b] Juan 1:4

[c] Romanos 6

[d] Génesis 17

[e] Job 5

[f] Mateo 19

[g] Salmo 11

[h] Éxodo 20; Salmo 5

[i] Salmo 1; Hebreos 1; Lucas 1

[j] Juan 1

[k] Romanos 8; Hebreos 1

[l] Juan 1

[m] 2 Corintios 3, 4

[n] Hebreos 1

[o] Efesios 2, 4

CHAPTER II

On the Creation of Things; of God's Providence in All Creation; and of the Principal End that God Intended and Intends for Them

I. We also believe that, since God of His own nature is invisible, incomprehensible, and ineffable,[a] in order to communicate and manifest the treasures[b] of His power, goodness, wisdom, and divinity to the man He would later create, through the power of His Word,[c] which is Christ, He created the heavens and the earth and everything in them out of nothing, both visible and invisible.[d] By beholding this remarkable work of his God, man would come to know his Creator and His attributes. Inclined by this knowledge to love, reverence, fear, worship, and perpetually obey Him with all his heart, he would enjoy a life of complete and profound contentment in close relationship with his Creator for as long as His providence ordained him to live in this earthly realm.

II. Similarly, we believe that with the same power of His Word,[e] with which He initially brought things into being, He maintains and sustains all that exists, and with the providence of His wisdom,[f] He governs, rules, and arranges everything in marvelous harmony. Thus, without His will, nothing is done, nor can anything be done in the universe. He uses His infinite power and wisdom to make everything serve His glory and the good of His own.

CAPÍTULO II

De la Creación de las cosas; de la providencia de Dios en todo lo creado; y del fin principal que Dios en ella pretendió y pretende

I. Creemos asimismo que, siendo Dios de su propia naturaleza invisible, incomprensible e inefable,[a] a fin de comunicarse y manifestar los tesoros[b] de su poder, bondad y sabiduría y de su divinidad al hombre que después había de crear, con el poder de su Palabra,[c] que es el Cristo, creó de la nada los cielos y la tierra, y todo lo que en ellos hay, tanto visible como invisible;[d] de modo que, al poner el hombre los ojos en esta tan admirable obra de su Dios, llegara al conocimiento de su Creador y de sus atributos; e inclinado por este conocimiento a amarle, reverenciarle, temerle, adorarle y obedecerle perpetuamente de todo corazón, gozara de una vida de entero y pleno contentamiento en relación cercana con su Hacedor durante el tiempo que su providencia ordenara que viviera en este bajo mundo.

II. De la misma manera, creemos que con la misma virtud de su Palabra,[e] con la cual al principio dio ser a las cosas, mantiene y sostiene todo lo que existe, y con la providencia de su sabiduría[f] lo gobierna, rige y dispone en admirable armonía, de tal manera que sin su voluntad ninguna cosa se hace ni puede hacerse en el universo, haciendo con su infinito poder y sabiduría que todo sirva para su gloria y para el bien de los suyos.

[a] Exodus 33;
Deuteronomy 34; Job 9;
John 1, 4; 1 Timothy 6

[b] Romans 1

[c] Genesis 1; Psalm 33:8, 14

[d] John 8

[e] Hebrews 1

[f] Psalm 107, 104, 19, 8

[a] Éxodo 33;
Deuteronomio 34; Job 9;
John 1, 4; 1 Timoteo 6

[b] Romanos 1

[c] Génesis 1; Salmo 33:8, 14

[d] Juan 8

[e] Hebreos 1

[f] Salmo 107, 104, 19, 8

CHAPTER III

On the Creation of Man and his Perfection, otherwise stated as Original Righteousness

I. We also believe that, after God created the world and everything in it, He created man:[a] immortal,[b] just,[c] good, wise, kind, merciful, holy, lover of truth, and, in short, in such a way that with the gifts He bestowed upon him, man could be in the world an image and a living representation of the One who created it.[d] In this image, being the principal work of His hands made for this sole purpose of being known and glorified by it, He desired to make His goodness, holiness, truth, wisdom, mercy, and purity shine, and as such an excellent creature, He was placed in the highest degree of honor above all other corporeal creatures, constituted by the hand of His Creator as superior and lord over all. Thus, in every way, man was obliged to render reverence, obedience, fear, and love to his Maker and to offer perpetual gratitude for such great blessings.

II. We call this blessed condition Original Justice because it resided in the first man in such a way that it would be communicated to all his descendants.[4]

---

4. This doctrinal affirmation concerning man's original righteousness aligns with John Calvin, see *Institutes*, I, xv, 8.

[a] Genesis 2   [c] Ecclesiastes 7

[b] Wisd. of Sol. 2   [d] Genesis 2

CAPÍTULO III

De la creación del hombre y de su perfección, conocida también como su Justicia Original

I. Creemos asimismo que, después de haber creado Dios el mundo y todo lo que en él hay, creó al hombre[a]: inmortal[b], justo[c], bueno, sabio, benigno, misericordioso, santo, amante de la verdad, y en fin, de tal manera que con los dones que le otorgó pudiera ser en el mundo una imagen y viva representación del que lo creó[d]. En esta imagen, siendo la principal obra de sus manos hecha para este único fin de ser por ella conocido y glorificado, quiso que resplandecieran su bondad, santidad, verdad, sabiduría, misericordia y pureza; y que como criatura tan excelente fuera colocado en el más supremo grado de honra sobre todas las demás criaturas corporales, constituido por la mano de su Creador como superior y señor de todas; para que por todas partes quedara obligado a rendir reverencia, obediencia, temor y amor de su Hacedor, y al perpetuo agradecimiento de tan grandes beneficios.

II. A esta condición tan dichosa llamamos Justicia Original, porque de tal manera residió en el primer hombre que de él se comunicaría a todos sus descendientes.[4]

---

4. Esta afirmación doctrinal concerniente a la justicia original del hombre se alinea con la de Juan Calvino. Consúltese la *Institución*, I, xv, 8.

[a] Génesis 2
[b] Sap. 2
[c] Eclesiastés 7
[d] Génesis 2

CHAPTER IV

On the Fall of Man; on the Faculty of Willful Man before and after Original Sin, and the Penalties of It; and the Cause of Evil

I. We confess that, having received from the hand of God in his creation the capacities of wisdom and integrity of will, with which he could know, love, and serve his Creator while remaining in his obedience (commonly called free will), he also received the Law,[a] in obedience to which he was to exercise these admirable gifts. By breaking it of his own free will,[b] he was justly deprived[c] of the image of God and all the blessings that made him like God. He went from being wise, good, just, true, merciful, and holy to being ignorant, malicious, impious, deceitful, and cruel, clad in the image and likeness of the devil, from whom he distanced himself from God, losing that holy freedom in which he was created. He became a slave and servant of sin and the devil.[5]

II. We call this corruption of human nature (which was all corrupted because it was deposited in the first man) Original Sin because it is the fault that descends from the first man to his descendants,[d] passing from generation to generation, spreading with the same nature in all without exception.

---

5. This doctrinal affirmation concerning man's free will before the Fall and his forfeiture of that freedom because of the Fall aligns with Calvin, see *Institutes*, I, xv, 8.

CAPÍTULO IV

De la caída del hombre; de la facultad del albedrío humano antes y después del Pecado Original y de los castigos de este; y de la causa del mal

I. Confesamos que, habiendo recibido el hombre de la mano de Dios en su creación capacidades de sabiduría y entereza de voluntad con las cuales poder conocer, amar y servir a su Creador, permaneciendo en su obediencia (que es lo que comúnmente se llama libre albedrío), recibió asimismo la Ley[a], en cuya obediencia debía ejercer estos admirables dones. Al quebrantarla[b] de su libre voluntad, justamente fue despojado de la imagen de Dios y de todos los bienes que le hacían semejante a Él; y de sabio, bueno, justo, verdadero, misericordioso y santo, pasó a ser ignorante, maligno, impío, mentiroso y cruel, vestido de la imagen y semejanza del demonio, a quien se acercó apartándose de Dios, siendo privado[c] de aquella santa libertad en que fue creado, volviéndose esclavo y siervo del pecado y del demonio.[5]

II. A esta corrupción de la naturaleza humana (la cual fue toda corrompida por estar entonces depositada en el primer hombre) llamamos Pecado Original, por ser la falta que desde el primer hombre desciende[d], como de mano en mano, de padres a hijos, propagándose con la misma naturaleza en todos sin excepción.

---

5. Esta afirmación doctrinal concerniente al libre albedrío del hombre antes de la Caída y su pérdida de esa libertad debido a la Caída se alínea con Calvino. Consúltese la *Institución*, I, xv, 8.

III. With the same justice,[e] we confess to having incurred the penalty of death, which was imposed on him in the same Law if he transgressed, and all the other calamities that are seen in the world.[f] We understand these calamities to have their origin there, and as they were given as punishment for sin, God wills that they endure as a testimony of His wrath against sin and for the ongoing exercise of penance.

IV. We understand and confess that this was the beginning and the cause of evil in the world, and there is no other. All of us are subject to it like branches born from a corrupt root, being successors as heirs to the evils of our parents, in their corruption and condemnation, as we would have been to their blessings and integrity if they had remained in that righteousness.[6]

V. Through this confession, we renounce all doctrines of men that teach a different origin of evil than what we have confessed here, or that deny the corruption of human nature for the reasons mentioned, or that in the least teaches that it is not so severe as to leave man without the strength or capacity of free will to be able, by himself, either to become better or to prepare himself to be better before God, especially when the Lord has taught[g] us that it is necessary to be born again.

---

6. This doctrinal affirmation concerning the corruption of man also aligns with Calvin, *Institutes*, II, i-ii.

[a] Genesis 2

[b] Genesis 15

[c] Ecclesiastes 7; 2 Peter 2

[d] Romans 5

[e] Genesis 2

[f] Genesis 4

[g] John 3

III. Con la misma justicia[e] confesamos haber incurrido en la pena de muerte, que en la misma Ley le fue impuesta si transgredía, y en todas las demás calamidades que en el mundo se ven[f], las cuales entendemos haber tenido su origen allí, y habiendo sido dadas en castigo del pecado, quiere Dios que aun perduren como testimonio de su ira contra este, y para un continuo ejercicio de penitencia.

IV. Entendemos y confesamos que este fue el principio y la causa del mal en el mundo, y que no hay otro; al cual todos los hombres quedamos sujetos como ramas que nacimos de una raíz corrupta, siendo sucesores como herederos de los males de nuestros padres, en su corrupción y condenación, como lo habríamos sido de sus bienes y de su integridad si hubieran permanecido en aquella justicia.[6]

V. Mediante esta confesión, renunciamos a toda doctrina de los hombres que enseñe otro origen del mal distinto del que aquí hemos confesado, o que niegue la corrupción de la naturaleza humana por la razón mencionada, o que en el menor de los casos enseñe que no es tanta que deje al hombre sin fuerza ni facultad de libre albedrío para poder, por sí mismo, ya sea ser mejor o disponerse para serlo delante de Dios; especialmente cuando el Señor nos ha enseñado[g] que es necesario nacer de nuevo.

---

6. Esta afirmación doctrinal sobre la corrupción del hombre también se alínea con Calvino, *Institución*, II, i-ii.

[a] Génesis 2

[b] Génesis 15

[c] Eclesiastés 7; 2 Pedro 2

[d] Romanos 5

[e] Génesis 2

[f] Génesis 4

[g] Juan 3

CHAPTER V

On the Promises of God, and on the Faith,
by which Sinners are Justified, and Rise to a Better Hope

I. We understand that God took this Fall of the entire human race,[a] so miserable and completely irreparable by the power of creatures, as an occasion for a greater manifestation of the depth of His power, wisdom, and goodness, especially His mercy and love for humanity. He made it so that where sin abounded, His grace and mercy would abound even more, which is the only recourse for fallen man, as it was impossible for him to save himself by his own righteousness.[b]

II. His mercy was first revealed by giving a promise of eternal salvation and blessing through a blessed seed that would be born in the world of a woman,[c] just as the curse had come into the world through a woman. This seed would be so powerful[d] that it would suffice to undo the entire kingdom of the devil, and so holy that in His name, all the nations of the earth would be sanctified.[e]

III. We confess that the faith and hope of this promise passed from generation to generation through all the Patriarchs of the Old Testament. It was only through this promise that they received salvation and blessings, and there was never another name or way[f] under heaven by which men could be saved.[7]

---

7. The doctrinal affirmation of this chapter aligns with Calvin, *Institutes*, III, ii, 42, and xiii, 4-5.

CAPÍTULO V

De las promesas de Dios; y de la Fe con que los pecadores son justificados y elevados a una mejor esperanza

I. Entendemos que Dios tomó esta Caída de todo el linaje humano[a], tan miserable y totalmente irreparable por la fuerza de las criaturas, como ocasión para una mayor manifestación de la profundidad de su poder, sabiduría y bondad, y especialmente de su misericordia y amor para con los hombres, haciendo que donde el pecado abundó sobreabundaran su gracia y misericordia, lo cual es el único recurso del hombre caído, ya que por su propia justicia le era imposible salvarse.[b]

II. Su misericordia primeramente se manifestó dando una promesa de eterna salvación y bendición en virtud de una simiente bendita[c] que en el mundo nacería de mujer, así como de mujer había nacido la maldición. Esta simiente sería tan poderosa[d] que bastaría para deshacer todo el reino del demonio; y de tanta santidad que en su nombre serían santificadas todas las naciones de la tierra.[e]

III. Confesamos que la fe y esperanza de esta promesa pasó como de mano en mano por todos los Padres del Antiguo Testamento. Únicamente en virtud de esta recibieron ellos salvación y bendición, y nunca hubo debajo del cielo otro nombre ni otro camino[f] por el cual los hombres pudieran ser salvos.[7]

---

7. La afirmación doctrinal de este capítulo se alinea con Calvino, *Institución*, III, ii, 42, y xiii, 4-5.

[a] 1 Corinthians 1

[b] John 3; Romans 5

[c] Genesis 3

[d] Genesis 5; 1 John 3

[e] Genesis 12

[f] Acts 4

[a] 1 Corintios 1

[b] Juan 3; Romanos 5

[c] Génesis 3

[d] Génesis 5; 1 John 3

[e] Génesis 12

[f] Hechos 4

CHAPTER VI

On the Law, and on the Doctrine of the Prophets, or of the Old Testament

I. We also confess that, with the memory of this promise buried in the world, and also the announcement of how God would justify and accept as His own those who had been justified, He deigned to choose from among all the nations of the earth a people[a] so that from it, the Savior of mankind would be born, and with Him the complete fulfillment of all His promises. He made a covenant or alliance with this people, renewing in it His promise and the righteousness that comes through faith,[b] and giving them His Law on stone tablets. The purpose was to awaken men to the knowledge of their corruption and move them to desire the remedy, which consists in the fulfillment of that blessed promise.

II. We understand that God ordained that His word be heard in this people through the mouths of His Prophets and that the people be taught[c] through many and diverse commandments, ceremonies, and figures.[d] By being humbled and convicted of their continuous sin by the word of the Law and being made aware by the frequency of the sacrifices of the limited power of those sacrifices to completely remove sin, they were, so to speak, forced to understand, hope for, and ardently desire the coming of that powerful sacrifice, of such virtue that once offered, it would suffice to provide perfect and eternal sanctification and purity. In this way, by engaging in that form of worship, and

CAPÍTULO VI

De la Ley y de la doctrina de los Profetas, o del Antiguo Testamento

I. Confesamos asimismo que, estando sepultada en el mundo la memoria de esta promesa, y asimismo el anuncio de la manera en que Dios justificaría y aceptaría por suyos a pecadores justificados, se dignó escoger de entre todas las naciones de la tierra un pueblo,[a] para que de él naciera el libertador de los hombres, y con él se diera el cumplimiento pleno de todas sus promesas. Con este pueblo hizo pacto o alianza, renovando en él su promesa y la justicia que es por la Fe,[b] y dándole su Ley en tablas de piedra, para que los hombres, despertados por ella al conocimiento de su corrupción, fueran asimismo movidos a desear el remedio, el cual consiste en el cumplimiento de aquella bendita promesa.

II. Entendemos que Dios, para este solo fin, ordenó que su palabra fuera oída en este pueblo por boca de sus Profetas, y que el pueblo fuera enseñado[c] por medio de muchos y diversos mandamientos, ceremonias y figuras;[d] de modo que, humillados y convencidos de su continuo pecado por la palabra de la Ley, y advertidos por la frecuencia de los sacrificios de la poca virtud de los mismos para remover dicho pecado por completo, fueran forzados, por así decirlo, a entender, esperar y pedir con muy ardiente deseo la venida de aquel poderoso sacrificio, de tanta virtud que siendo una vez ofrecido bastaría para dar perfecta y eterna santificación y pureza; a fin de que, de esta

even more eagerly desiring the perfect sacrifice, they prepared themselves to recognize and receive it when God sent it.

[a] Genesis 12

[b] Isaiah 41, 46

[c] Romans 4, 6

[d] Galatians 3

manera, es decir, con el ejercicio de aquella forma de culto, y mucho más anhelando el perfecto sacrificio, se prepararan para conocerlo y recibirlo cuando Dios lo enviara.

[a] Génesis 12

[b] Isaías 41, 46

[c] Romanos 4, 6

[d] Gálatas 3

CHAPTER VII

On the Christ, and on the Fulfillment of the Divine Promises Realized by Him; or on the Gospel

I. We also confess that,[a] when the time appointed by God came, during which He willed that His people should engage in and exercise this form of worship in fulfillment of His promise, for the abolition of all legal ceremonies and sacrifices, and, even more so, to undo sin,[b] and consequently the violation of the Law, He sent His only begotten Son, born of a woman, according to the terms of the promise He made from the beginning. This Son, by suffering death on the cross in the flesh, being buried and rising from the dead on the third day by His own power, and ascending to heaven in the majesty of God, fulfilled all the promises of His Eternal Father. In His name, repentance and remission of sins were preached to the whole world for all believers,[c] to whom the Holy Spirit was given,[d] as well as a good and sound will to be able to love and obey God from the heart.[e] The divine Laws were engraved on their hearts by the work and benefit of the same Spirit.

II. We understand that this is the New Covenant that God had promised to His people,[f] ratified and made firm forever by the death of the Lord Jesus Christ[g] and the shedding of His blood. This is what we call the Gospel by another name, which means good news, and the announcement of peace and reconciliation with God through Jesus Christ.[h] All men are equally called to this Gospel and eternal covenant, and only those who receive it

CAPÍTULO VII

Del Cristo y del cumplimiento de las promesas divinas, o del Evangelio

I. Y también confesamos que,[a] cumplido el tiempo que Dios quiso que su pueblo se ocupara y ejercitara en esta forma de culto, en cumplimiento de su promesa, y para abolición de todas las ceremonias y sacrificios legales, y mucho más para deshacer el pecado,[b] y por consiguiente la violación de la Ley, envió a su unigénito Hijo, nacido de mujer, conforme al tenor de la promesa que hizo al principio. Este, al sufrir en la carne la muerte de cruz, ser sepultado y resucitado al tercer día de entre los muertos por su propia virtud, y subir a los cielos en la majestad de Dios, cumplió todas las promesas de su Eterno Padre, y en su nombre fue predicado a todo el mundo arrepentimiento y remisión de pecados a todos los creyentes,[c] a los cuales fue dado el Espíritu Santo,[d] y una buena y sana voluntad para poder amar y obedecer de corazón a Dios,[e] teniendo grabadas en sus corazones las Leyes divinas, por obra y beneficio del mismo Espíritu.

II. Entendemos que este es aquel Nuevo Testamento que Dios había prometido a su pueblo,[f] ratificado y hecho firme para siempre con la muerte del Señor Jesucristo,[g] y con el derramamiento de su sangre. Esto es lo que por otro nombre llamamos Evangelio, que quiere decir, buenas nuevas, y el anuncio de paz y reconciliación que tenemos con Dios por medio de Jesucristo.[h] A este Evangelio y pacto eterno son llamados todos los

with living and effective faith are admitted.

[a] Ephesians 1; Galatians 4

[b] Ephesians 1; Colossians 1;
Hebrews 9; 1 John 3

[c] Mark 16; Luke 4, 24

[d] Acts 2

[e] Luke 2; Jeremiah 17:1

[f] Jeremiah 31; Hebrews 8;
Luke 1

[g] Matthew 26; Mark 14;
Luke 22; Hebrews 9

[h] Isaiah 52; Matthew 10;
Luke 2; Romans 2, 5, 14;
Galatians 5, Ephesians 5,
Philippians 4, Colossians 3;
1 Thessalonians 5;
Matthew 28; Mark 16

hombres por igual, y admitidos solo los que lo reciben con Fe viva y eficaz.

[a] Efesios 1; Gálatas 4

[b] Efesios 1; Colosenses 1;
Hebreos 9; 1 Juan 3

[c] Marcos 16; Lucas 4, 24

[d] Hechos 2

[e] Lucas 2; Jeremías 17:1

[f] Jeremías 31; Hebreos 8;
Lucas 1

[g] Mateo 26; Marcos 14;
Lucas 22; Hebreos 9

[h] Isaías 52; Mateo 10;
Lucas 2; Romanos 2, 5, 14;
Gálatas 5, Efesios 5,
Filipenses 4,
Colosenses 3;
1 Tesalonicenses 5; Mateo 28;
Marcos 16

CHAPTER VIII

On the Nature and Person of Christ

I. We confess and firmly believe that Christ, the author of our salvation, in terms of His nature and person, is truly a man, conceived by a special and wondrous work of the Holy Spirit,[a] and born of the Virgin Mary, from the seed of David and from the Fathers according to the flesh,[b] in accordance with the divine promises made to them. He is like us in all things, except for our corruption and sin.[c]

II. Likewise, we believe that He is true God, for in His person and subsistence, He is the Word that was in the beginning[d] and was with God, and ultimately was God. Through Him, all things were made, and without Him, nothing was or could be. By His power and virtue, they are now and have always been sustained in their being, as we have confessed before in the first and second chapters of our Confession.[8]

---

8.   Reina came under scrutiny for his vagueness on the hypostatic union of Christ in this chapter. His principal assailant was Gaspar Zapata, who had played the tune that Reina was flirting with Arianism. However, there is no warrant for Zapata's accusation, Reina was specific with his wording, stating that Jesus was (and is) both "truly human" and "truly God". It would be later revealed that Zapata was in negotiations to return to Spain and to the Roman Catholic Church, thus tainting Reina's credibility may have been one of his conditions for a safe return. See Kinder, *Casiodoro de Reina*, 100, 103; A.G. Kinder and R.W. Truman, "The Pursuit of Spanish Heretics: New Information on Casiodoro de Reina", *BHR* 42 (1980), 431.

CAPÍTULO VIII

De la naturaleza y persona del Cristo

I. Confesamos y creemos firmemente que el Cristo, el autor de nuestra salvación, en lo que respecta su naturaleza y persona, es verdaderamente hombre, concebido por obra especial y maravillosa del Espíritu Santo,[a] y nacido de María Virgen, de la simiente de David y de los Padres según la carne,[b] conforme a las divinas promesas a ellos hechas, semejante en todo a nosotros, excepto en nuestra corrupción y pecado.[c]

II. Asimismo creemos que Él es verdadero Dios, pues en su persona y subsistencia es el Verbo que era en el principio,[d] y estaba en Dios, y en última instancia era Dios; y por el cual fueron hechas todas las cosas, y sin él ninguna cosa fue, ni pudo ser; y por cuyo poder y virtud son ahora y fueron siempre sostenidas en su ser, como lo hemos confesado antes en los capítulos primero y segundo de esta nuestra Confesión.[8]

---

8. Reina estuvo bajo escrutinio por su vaguedad sobre la unión hipostática de Cristo en este capítulo. Su principal agresor fue Gaspar Zapata, quien había dado la idea de que Reina estaba coqueteando con el arrianismo. Sin embargo, no hay ninguna prueba para la acusación de Zapata, Reina fue específico con su redacción, afirmando que Jesús era (y es) tanto «verdaderamente humano» como «verdaderamente Dios». Más tarde se revelaría que Zapata estaba en negociaciones para regresar a España y a la Iglesia Católica Romana, de modo que manchar la credibilidad de Reina pudo haber sido una de las condiciones para su regreso. Consúltese Kinder, *Casiodoro de Reina*, 100, 103; A.G. Kinder y R.W. Truman, «The Pursuit of Spanish Heretics: New Information on Casiodoro de Reina», *BHR* 42 (1980), 431.

[a] Luke 1, 2

[b] Romans 1, 9

[c] Philippians 2; Hebrews 2, 4

[d] John 1; Colossians 1;
Hebrews 1

[a] Lucas 1, 2

[b] Romanos 1, 9

[c] Filipenses 2; Hebreos 2, 4

[d] Juan 1; Colosenses 1;
Hebreos 1

CHAPTER IX

On the Office and Worthiness of Christ

I. In terms of His dignity and office, we understand it in two ways: first, toward His Eternal Father, and second, toward us. We understand that His office toward God has been to seek and promote God's glory,[a] manifesting His name and truth in the world and making it illustrious among men through the work of our redemption and the proclamation of His Gospel. This is why He is sometimes called in Holy Scripture the Angel of God,[b] which means the minister of God,[c] and at other times clearly the Servant of God, Apostle, and High Priest of our Faith.

II. Because He obeyed perfectly the Father[d] in this matter, even unto death on the cross, we believe that He received a most glorious reward. First, He became the author of eternal salvation for all who believe in Him and call upon Him. Second, He received the supreme name above all that can be named in the heavens and on earth,[e] and before Him and His glorious name, every knee should bow in heaven, on earth, and in the depths, as before the supreme monarch established by the hand of God,[f] to be so not only from sea to sea and from the great river to the ends of the earth but also over all the works of God's hands.[g]

III. His office toward us, although it takes many forms according to the diversity of the blessings communicated to us

CAPÍTULO IX

Del oficio y dignidad del Cristo

I. En lo que a su dignidad y oficio corresponde, lo entendemos en dos maneras: en primer lugar, para con Dios su Eterno Padre; y en segundo lugar, para con nosotros. Entendemos que su oficio para con Dios ha sido buscar y procurar su gloria,[a] manifestando su nombre y su verdad en el mundo y haciéndolo ilustre entre los hombres por la obra de nuestra redención y por la manifestación de su Evangelio. Por esto es llamado algunas veces en la divina Escritura Ángel de Dios,[b] que quiere decir ministro de Dios, otras veces claramente Siervo de Dios,[c] Apóstol y Sumo Sacerdote de nuestra Fe.

II. Por haber obedecido perfectamente al Padre[d] en este caso hasta la muerte de cruz, creemos que le fue dado un premio gloriosísimo: primero, que sea autor de eternal salvación para todos los que en el creyeren y le invocaren; segundo, que tenga supremo nombre sobre todo lo que se puede nombrar en los cielos y en la tierra,[e] y que ante Él y su nombre glorioso se doble toda rodilla en el cielo y en la tierra y en los infiernos, como ante el supremo monarca establecido por la mano de Dios,[f] para serlo, no solamente de mar a mar y desde el gran río hasta los confines de la tierra, sino más aun sobre todas las obras de las manos de Dios.[g]

III. Su oficio para con nosotros, aunque es en muchas maneras, según la diversidad de los bienes que por medio de Él son co-

through Him, can be reduced to two main parts: His offices as King and Priest.

IV. Concerning His office as our King, we confess that He has first delivered us from the tyranny of sin, the devil, and death, over which He triumphed in His death,[h] abolishing the curse of the Law by which we were justly condemned to eternal damnation, and nailing it to the cross. This was done so that, freed from all fear, we may not serve sin or the devil[i] but serve the One who freed us from their power, in righteousness and holiness of life all the days that remain for us to live.[j]

V. We believe that, sitting at the right hand of God's power, He assists, defends, and sustains us.[k] He grants us the secret strength of His Spirit against all temptations,[l] both inward and outward, which come to us from the same enemies,[m] with whom divine providence has ordained that we should engage in continuous warfare, even after being freed from them, for our humiliation, the exercise of the gifts given to us,[n] and for the virtue of Christ in us to be revealed, fighting against such powerful enemies, and overcoming them.

VI. He is the One who has always defended His Church against the violence of the world in all ages, and He is the One who now defends her and will always do so in the future. In Him, we triumph over the world,[o] taking comfort in His power, and we hope to achieve victory forever. Ultimately, we will triumph completely with Christ our King when all powers that opposed Him in this rebellious age are subject to Him and placed under

municados a los suyos, sin embargo, enseñados por el Divino Verbo lo reducimos a dos partes principales, que son sus oficios de Rey y Sacerdote.

IV. Con respecto a su oficio como nuestro Rey, confesamos que primeramente nos ha librado de la tiranía del pecado, del demonio y de la muerte, sobre los cuales triunfó en su muerte,[h] rayendo la obligación de la Ley, por la cual éramos justamente condenados a eterna maldición y muerte, y clavándola consigo en la cruz, para que, libres de todo temor, no sirvamos al pecado ni al demonio,[i] sino al que nos libró de su poder, en justicia y en santidad de vida todos los días que nos resten por vivir.[j]

V. Con el mismo poder creemos que,[k] estando a la diestra de la potencia de Dios, nos asiste, ampara y defiende; y nos da las fuerzas secretas de su Espíritu contra todas las tentaciones,[l] tanto interiores como exteriores, que nos vienen por parte de los mismos enemigos;[m] con los cuales ordenó la divina providencia que estuviéramos en continua lucha, incluso después de ser libertados de ellos,[n] para humiliación nuestra, y para ejercicio de los dones que nos son dados,[n] y asimismo para que en nuestra flaqueza se manifieste la virtud de Jesucristo, que en nosotros pelea contra tan poderosos enemigos, y los vence.

VI. Y también, así como Él fue el que en todos los siglos defendió a su Iglesia contra la violencia del mundo,[o] así también entendemos que ahora Él mismo es el que la defiende y defenderá siempre de este; y consolados en su potentica vencemos el mundo, y esperamos alcanzar siempre victoria en Él; hasta que finalmente triunfemos por completo con Cristo nuestro Rey, cuando sean sujetadas debajo de sus pies todas las potestades que en este siglo rebelde se le opusieron,[p] para que su reino

His feet.[p] His glorious reign, which began here, will be perpetual,[q] and it will never end, as God has promised.[r]

VII. Concerning His office as our Priest, we believe that He is and has always been the Mediator between God and men.[s] Through His prayer and the sacrifice of His death and cross,[t] He appeased God's wrath and granted us not only total and complete forgiveness of all our sins but also merit and dignity to present ourselves with confidence before Him.[u] He gave us not only the title of sons of God but also made us truly His children,[v] communicating to us,[w] by the power of His Spirit, the divine nature, in which, being regenerated, we are His children. For the same reason, He granted us the action and right to the inheritance of the glory of God, and all His possessions along with it,[x] of which He (as our firstborn and head) enjoys by Himself and with all His brothers,[y] sitting at the right hand of the Majesty in the heavens,[z] being made so much superior to the angels as He has been given a name higher than all of them, until (when our pilgrimage is finished) He calls us and gathers us to Himself, to enjoy this glorious inheritance together with Him.[a]

VIII. We acknowledge that, since His priesthood is eternal[b] and did not end with His death (for He did not die with it, being God, and it was impossible for Him to be held in the bonds of death),[c] the value and efficacy of His sacrifice, offered once, also continues and endures eternally[d] to achieve the effects we have already mentioned in His Church. Seated at the right hand of the Father, He is also our all-sufficient Intercessor, continually praying and interceding for us.

glorioso que inició aquí sea perpetuo,[q] y nunca tenga ni pueda tener fin, conforme a las promesas que Dios ha hecho acerca de Él.[r]

VII. Con respecto a su oficio como nuestro Sacerdote, creemos: primero, que Él es y ha sido siempre el Mediador entre Dios y los hombres, el cual,[s] por su oración y por el sacrificio de su muerte y cruz,[t] aplacó la ira de Dios y nos otorgó, no solamente perdón total y completo de todos nuestros pecados, sino también mérito y dignidad para poder presentarnos delante de Él con confianza.[u] Asimismo nos dio no solo el título de hijos de Dios,[v] sino también el que realmente lo seamos, comunicándonos por la virtud de su Espíritu la naturaleza divina,[w] en la cual, siendo regenerados, somos hijos. Por la misma razón, nos otorgó acción y derecho a la herencia de la gloria de Dios,[x] y a todos sus bienes juntamente con ella, de los cuales Él (como primogénito y cabeza nuestra) goza por Sí mismo y por todos sus hermanos,[y] estando sentado a la diestra de la Majestad en las alturas,[z] hecho tanto superior a los ángeles por cuanto le ha sido dado un nombre más alto sobre todos ellos, hasta que (acabada nuestra peregrinación) nos llame y nos junte a Sí mismo, para gozar de esta gloriosa herencia juntamente con Él.[a]

VIII. Asimismo confesamos que, por ser su sacerdocio eterno,[b] y no haber expirado con su muerte (pues Él tampoco expiró con ella, por cuanto era Dios, y no fue posible que fuera detenido en las prisiones de la muerte, sino que habiendo resucitado al tercer día, vive eternamente),[c] el valor y eficacia de su sacrificio ofrecido una sola vez[d] también vive, y durará eternamente para lograr en su Iglesia los efectos ya dichos; y estando sentado a la diestra del Padre es todavía nuestro intercesor suficientísimo, que perpetuamente ruega e impetra por nosotros.

IX. We also believe that just as the power and dignity of His kingdom do not apply only to His personal being, but also extend to us, making us kings with Him,[e] in the same way, the power and dignity of His priesthood also extend to us. He makes us priests, anointed and consecrated by Him and for Him, with the same oil and blessing of the Spirit that He received.[f] We, in His name, offer sacrifices to the Father.[g] First, we offer ourselves, our bodies, and our entire lives, consecrating them to the glory of His name, as He consecrated His to the glory of His Eternal Father, so that we may have life. Second, we offer the sacrifice of praise,[h] the fruit of lips that confess His name. Third, we offer prayers,[i] not only for ourselves but also for one another, as His incomparable dignity has made us worthy and capable of doing so.

X. Understanding, therefore, that this is the legitimate priesthood of the New Testament for Christians, both from the Lord's perspective and those who belong to His people, by means of this confession, we first renounce all invocation of the dead, even if they are considered holy. We also renounce all sacrifices, priesthoods, pontificates, and any other ways of appeasing or honoring God outside of this one, which we understand to be the only legitimate and approved one before God. Any other is abominable and accursed. Those who teach otherwise,[j] by preaching a different gospel than what He taught in the world and what His apostles proclaimed through Him, are also accursed and *anathema*.

XI. Just as He is our Priest, we understand that the second aspect that belongs to Him is that He is also our Prophet.[k]

IX. Y también creemos que, así como la virtud y dignidad de su reino no se detiene solamente en su persona particular, sino que llega a hacernos a nosotros también reyes junto con Él,[e] de la misma manera, la virtud y dignidad de su sacerdocio se extiende hasta nosotros, haciéndonos también sacerdotes, ungidos y consagrados con Él y por Él con el mismo aceite y bendición del Espíritu que Él,[f] para que nosotros, por causa suya y en su nombre, ofrezcamos al Padre sacrificio:[g] en primer lugar, de nosotros mismos y de nuestros cuerpos, y de toda nuestra vida, consagrándola a la gloria de su nombre, como Él consagró la suya a la gloria de su Eterno Padre, para que nosotros tuviéramos vida; en segundo lugar, sacrificio de alabanza,[h] fruto de labios que confiesen su nombre; en tercer lugar, oración,[i] por la cual pidamos en su nombre, no solo para nosotros mismos, sino también los unos por los otros, pues su dignidad incomparable nos ha hecho dignos e idóneos para poder hacerlo.

X. Entendiendo pues que este es el sacerdocio del Nuevo Testamento, legítimo de los cristianos, por cuanto es tanto de parte del Señor como de los que pertenecen a su pueblo, por esta nuestra confesión renunciamos primeramente a toda invocación de muertos, aunque sean santísimos. Renunciamos asimismo a todo sacrificio, sacerdocio, pontificado y cualquiera otra manera de aplacar o de honrar a Dios fuera de esta, la cual entendemos que es la única legítima y aprobada delante de Dios, y cualquier otra es abominable y maldita; y malditos asimismo y anatemas son los que la enseñaren,[j] por ser un evangelio diferente del que Él enseñó en el mundo, y del que sus apóstoles predicaron por Él.

XI. De la misma manera que Él es nuestro Sacerdote, entendemos que le corresponde lo segundo: que es también nuestro

In other words, our Teacher and Instructor in righteousness.[m] Not like Moses,[n] who taught the people with his face veiled, but because He is the radiance of the Father's glory and the exact representation of His nature, we behold the majesty of our God[o] in His face, face to face. Not in idle contemplation but in a powerful way[p] so that through it we are transformed into the image of God. We grow in brightness through the power of His Spirit.

XII. We understand that the teaching we receive from Him is not like that administered through the Law in the Old Testament, which, written on stone tablets, remained external to humans, serving only to reveal true righteousness from which they were naked, and the sin that reigned within them. It exposed them to the curse and death,[q] thereby increasing sin and sickness instead of providing a remedy.[r] We confess, therefore, that this teaching contains the entire truth pertaining to our salvation and knowledge of God's will.[s] It is etched in the hearts of the faithful through the efficacy of His Spirit. It is so certain[t] that it does not require confirmation through external testimony, new miracles, human or angelic authority, or any other assistance. It is so complete[u] that those to whom God grants it do not need any other human teaching or doctrine to know God and how He should be served.[v]

XIII. In this way, we affirm that His role as Prophet is received and imparted among us, as we previously stated about His kingship and other aspects of His priesthood. It is granted through His teaching[w] and indeed belongs to the Christian

Profeta,[k] esto es, nuestro maestro[l] e instructor de justicia:[m] no como Moisés,[n] que enseñó al pueblo con el rostro cubierto con un velo, sino que, por ser el resplandor de la gloria del Padre y la imagen natural de su substancia, en su rostro contemplamos cara a cara la majestad de nuestro Dios;[o] no por contemplación ociosa y sin fruto, sino tan eficaz,[p] que por ella somos también transformados a la imagen de Dios, creciendo en claridad por el poder de su Espíritu.

XII. Entendemos que la enseñanza que recibimos de Él no es como la que por medio de la Ley se administraba en el Antiguo Testamento, la cual, siendo escrita en tablas de piedra y permaneciendo siempre fuera del hombre, solamente servía para mostrarle la verdadera justicia,[q] de la cual estaba desnudo, y el pecado que en el reinaba, y por consiguiente la maldición y muerte a la cual estaba sujeto, aumentándole así el pecado y la enfermedad en lugar de aplicarle remedio.[r] Confesamos, pues, que esta enseñanza contiene toda verdad relacionada con nuestra salvación y el conocimiento de la voluntad de Dios,[s] y es grabada en los corazones de los fieles por la eficacia de su Espíritu; y esta es tan cierta[t] que no tiene ninguna necesidad de ser confirmada por ningún testimonio externo, nuevos milagros, ni ninguna autoridad humana o angelical, ni por ninguna otra ayuda; es tan entera y cumplida,[u] que aquel a quien Dios la de no neceista de algún otro magisterio, enseñanza ni doctrina humanos para conocer a Dios y la manera en que Él quiere ser servido.[v]

XIII. De esta manera afirmamos que en nosotros se deriva su oficio de Profeta, como hemos dicho de su reino y de las otras partes de su sacerdocio, dándose por virtud de su enseñanza,[w] que de verdad pertenece al pueblo cristiano, el cual es enseñado

people, who are taught by God[x] and prophesy.[y] In other words, they understand and declare God's divine will in the world. This form of teaching and instruction is characteristic of the New Testament, or, rather, is the very practice of it.

XIV. Through this confession, we renounce all human teaching and doctrine regarding divine worship and what pertains to our salvation. We accept only Jesus Christ and His Word and Spirit as our legitimate, true, and sole Teacher, in accordance with His command.[z] In this understanding, no authority is removed from the external ministry of the Gospel or the other external means used in the Church of the Lord by His own institution and order. This includes His instructions, which we will address in their proper place later on.[a][9]

---

9. Reina was fully aware of the accusations laid against him, whether as sympathizing with Servetus and his Unitarian views, or for supposedly entertaining Arian doctrine, this chapter, however, demonstrates the orthodoxy and Christ-centricity of his beliefs in such a way that there should be no question in regard to his biblical foundation and creed.

[a] [John 17:6, 26]
[b] Malachi 2; Exodus 14, 23, 32
[c] Isaiah 42, 49, 52, 53; Ezekiel 32; Zacharias 3
[d] Hebrews 2
[e] Ephesians 1; Philippians 2
[f] Psalm 72; Acts 4
[g] Psalm 2, 8;
2 Corinthians 15; Hebrews 2
[h] Colossians 2
[i] Luke 1
[j] Romans 6
[k] Mark 16; Acts 1, 7
[l] John 15; Romans 8
[m] Romans 6
[n] 2 Corinthians 12; Romans 5; James 1

por Dios,[x] y profetiza,[y] es decir, sabe declarar la divina voluntad en el mundo; y este género de doctrina y forma de enseñanza entendemos que es propio del Nuevo Testamento, o mejor dicho, la práctica misma de Él.

XIV. Por esta Confesión renunciamos a todo magisterio humano y a toda doctrina humana en cuanto al culto divino y lo que concierne a nuestra salud, recibiendo solo a Jesucristo y su palabra y Espíritu como nuestro maestro legítimo, verdadero y único, conforme a su mandamiento.[z] En la cual entendemos que no se deroga ninguna autoridad del ministerio externo del Evangelio, ni de los demás medios externos que en la Iglesia del Señor se usan por institución y ordenanza del mismo Señor, en cuya instrucción se incluye también esto, como trataremos en su lugar debido más adelante.[a9]

---

9. Reina era plenamente consciente de las acusaciones que se le imputaban, ya sea como simpatizante de Servetus y sus puntos de vista unitarios, o por supuestamente entretener la doctrina ariana. Este capítulo, sin embargo, demuestra la ortodoxia y la cristiandad de sus creencias de tal manera que no debe haber ninguna duda con respecto a su fundamento bíblico y credo.

[a] [Juan 17:6, 26]

[b] Malaquías 2; Éxodo 14, 23, 32

[c] Isaías 42, 49, 52, 53; Ezequiel 32; Zacarías 3

[d] Hebreos 2

[e] Efesios 1; Filipenses 2

[f] Salmo 72; Hechos 4

[g] Salmo 2, 8; 2 Corintios 15;

Hebreos 2

[h] Colosenses 2

[i] Lucas 1

[j] Romanos 6

[k] Marcos 16; Hechos 1, 7

[l] Juan 15; Romanos 8

[m] Romanos 6

[n] 2 Corintios 12; Romanos 5; Santiago 1

o 1 Peter 3; Exodus 23, 32

p Psalm 2, 8, 110

q Luke 1

r Psalm 45, 89

s Hebrews 5

t Matthew 26

u 1 Corinthians 3; Ephesians 3; Philippians 3

v John 1; 1 John 3

w 2 Peter 1

x Romans 8; Galatians 3; Colossians 3; Titus 3; Hebrews 1; 1 Peter 2;

y 1 Corinthians 15

z Hebrews 1; Philippians 2

a Matthew 26; John 14, 16, 17

b Psalm 110; Hebrews 7

c Acts 2

d Hebrews 9

e 1 Peter 2

f James 5

g Romans 12

h Hebrews 13; 1 Peter 2

i Matthew 7; John 14, 16

j Galatians 1

k Deuteronomy 18

l Matthew 3; John 13

m Isaiah 30; Joel 2

n 2 Corinthians 3

o John 14; 2 Corinthians 4

p 2 Corinthians 3

q [Romans 3:20; 6:20]

r Romans 7

s John 14

t 1 John 1

u 1 John 1

v John 4

w [Revelation 1:6; 5:10]

x Isaiah 54; Johan. 6

y Joel 2; Acts 2; 1 Corinthians 14

z Matthew 23

a Chapter 14

^o 1 Pedro 3; Éxodo 23, 32

^p Salmos 2, 8, 110

^q Lucas 1

^r Salmo 45, 89

^s Hebreos 5

^t Mateo 26

^u 1 Corintios 3; Efesios 3; Filipenses 3

^v Juan 1; 1 Juan 3

^w 2 Pedro 1

^x Romanos 8; Gálatas 3; Colosenses 3; Tito 3; Hebreos 1; 1 Peter 2;

^y 1 Corintios 15

^z Hebreos 1; Filipenses 2

^a Mateo 26; Juan 14, 16, 17

^b Salmo 110; Hebreos 7

^c Hechos 2

^d Hebreos 9

^e 1 Pedro 2

^f Jacob. 5

^g Romanos 12

^h Hebreos 13; 1 Pedro 2

ⁱ Mateo 7; Juan 14, 16

^j Gálatas 1

^k Deuteronomio 18

^l Mateo 3; Juan 13

^m Isaías 30; Joel 2

ⁿ 2 Corintios 3

^o Juan 14; 2 Corintios 4

^p 2 Corintios 3

^q [Romanos 3:20; 6:20]

^r Romanos 7

^s Juan 14

^t 1 Juan 1

^u 1 Juan 1

^v Juan 4

^w [Apocalipsis 1:6; 5:10]

^x Isaías 54; Johan. 6

^y Joel 2; Hechos 2; 1 Corintios 14

^z Mateo 23

^a Cap. 14

CHAPTER X

On Justification by Faith

I. We believe that after the universal corruption of human nature by the sin of our first parents, and before the revelation of the promise and the New Testament, there was no means by which people could be justified and brought to the path of salvation, except through genuine repentance and faith in the promise of the blessed seed on their part. This was possible solely through the mercy and goodness of God, who accepted this faith alone as complete righteousness.[a] This faith is grounded in the perfect righteousness of Christ, to whom this faith must always be directed. Similarly, after the fulfillment of the promise in Christ, there is no other way to be justified, saved, and admitted to the covenant of the New Testament, and to share in its benefits, except through repentance (which involves true knowledge, repentance, sorrow, and abhorrence of sin, along with a genuine renunciation of it and the corrupt root from which humanity is born) and living faith in the death and resurrection of the Lord. Through the merit and efficacy of His death and resurrection, we receive forgiveness, and His righteousness and innocence are imputed to us.[b] We also receive the power and virtue of His Spirit, so that, dying with Him to sin, we may also rise with Him to a new life of righteousness.[c]

II. Through this confession, we renounce all human merit or satisfaction, which teaches that it can be added to divine justice

CAPÍTULO X

De la Justificación por la Fe

I. Creemos que, como después de la corrupción general de toda la humana naturaleza por el pecado de nuestros primeros padres, y antes de la manifestación de la promesa y del Nuevo Testamento, ningún medio hubo por el cual los hombres fuesen justificados y llevados al camino de salvación, sino mediante verdadero arrepentimiento y fe en la promesa de la bienaventurada simiente por su parte, y por la sola misericordia y bondad de Dios, con la cual aceptaba esta sola fe como entera justicia,[a] en virtud de la entera justicia de Cristo, a quien siempre debe dirigirse esta fe. De la misma manera, dado ya el cumplimiento de la promesa en Cristo, no queda ni hay otra vía para ser justificados, salvos y admitidos a el pacto del Nuevo Testamento, y en la participación de sus bienes, que por penitencia (la cual es verdadero conocimiento, arrenpentimiento, dolor y detestación del pecado, con verdadera renuncia de él y de la corrompida raíz de donde el hombre nace) y viva fe en la muerte y resurrección del Señor, por el mérito y eficacia de la cual nos es dado perdón e imputada su justicia e inocencia,[b] y asimismo nos es dada virtud y poder de su Espíritu para que, muriendo con Él al pecado, resucitemos también con Él a nueva vida de justicia.[c]

II. Por esta confesión renunciamos a todo mérito o satisfacción humanos, de lo cual se enseñe que puede ser añadido a la div-

to obtain the forgiveness of sin, apart from the merit and satisfaction accomplished by the Lord for all who believe in Him. We understand this as our true purgatory[d] and full remission of guilt and penalty for the sins of His people.[e] We regard as abominable and accursed, and as true Antichrist, any teaching that contradicts this part of our Confession or promotes any other remedy for the sinner beyond what is found solely in Jesus Christ crucified for our sins and raised for our justification. This is communicated to humanity through genuine repentance and living faith, as we have mentioned.[f] We also condemn the doctrine of those who teach that the Christian must always doubt the remission of their sins and their attainment of justification. This doctrine is directly contrary to the teaching of the true Gospel, which requires true and firm faith. It also goes against the article in the Apostles' Creed, "I believe in the forgiveness of sins," as we will discuss further in Chapter Twenty.

[a] Romans 4; Psalm 32; Genesis 15

[b] Romans 3; Galatians 3

[c] See Chapter Seventeen

[d] Hebrews 1

[e] Isaiah 53; Romans 8; John 3; 1 John 4

[f] Romans 4

ina justicia para alcanzar perdón del pecado aparte del mérito y satisfacción que el Señor ha realizado por todos los que en Él creyeren; y entendemos que este es nuestro verdadero purgatorio,[d] y plena indulgencia de la culpa y pena de los pecados de los suyos.[e] Tenemos por abominable y maldita y verdadero anticristo toda doctrina que contradiga en esta parte nuestra Confesión, o enseñe cualquier otro tipo de remedio para el pecador fuera de lo que se halla solo en Jesucristo crucificado por nuestros pecados y resucitado para nuestra justificación, lo cual se comunica a los hombres por medio del verdadero arrepentimiento y la fe viva, como hemos dicho.[f] Asimismo condenamos la doctrina de los que enseñan que el cristiano siempre ha de estar dudoso de la remisión de sus pecados y de haber alcanzado justificación, por ser una doctrina directamente contraria a la doctrina del verdadero Evangelio, el cual nos pide fe verdadera y firme, y contra el artículo del Credo Apostólico: «Creo en el perdón de los pecados», como diremos más adelante, en el capítulo veinte.

[a] Romanos 4; Salmo 32; Genesis 15

[b] Romanos 3; Gálatas 3

[c] Consulta capítulo 17.

[d] Hebreos 1

[e] Isaías 53; Romanos 8; Juan 3; 1 Juan 4

[f] Romanos 4

CHAPTER XI

On the Sacraments of the Christian Church

I. Among the means or instruments of our justification, we consider (with the Lord[a] and His Apostles[b]) the Sacraments of the Christian Church. Through these Sacraments, the Lord, on His part, applies to us individually, seals, and confirms the benefits of our salvation and the fulfillment of His promises.[c] On our part, we receive them through faith. They also testify that we are a part of His people and profess what we should do to truly follow Him.

II. Concerning this, we first believe that just as it is Christ's prerogative alone to justify us, give us faith in Him, and provide the inner witness of our justification through His Spirit,[d] it is also solely His responsibility to institute the external means or instruments by which this benefit is applied to us. These include the Sacraments and the ministry of the Word.

III. In the divine history, we find that Christ has instituted no more than two true Sacraments, which can properly be called Sacraments, established and ordained for the aforementioned purpose. These are Baptism[e] and the Lord's Supper.[f] Any others that have been added to these, or may be added in the future, are considered adulterous. They are either inventions of humans who have arrogantly created them (as can be said of Confirmation as celebrated in the Roman Church) or they are rituals and customs rooted in the Divine Word, which were

CAPÍTULO XI

De los Sacramentos de la Iglesia Cristiana

I. Entre los medios o instrumentos de nuestra justificación contamos (con el Señor[a] y con sus Apóstoles[b]): los Sacramentos de la Iglesia Cristiana, por los cuales el Señor de su parte nos aplica en particular, sella y confirma el beneficio de nuestra salvación y cumplimiento de sus promesas,[c] y nosotros de nuestra parte lo recibimos por la fe; y testificamos en segundo lugar que somos parte de su pueblo; asimismo profesamos lo que hemos de hacer para seguirle de verdad.

II. Acerca de esto creemos primeramente que, así como solo a Jesucristo corresponde justificarnos y darnos la fe en Él y el testimonio interior de nuestra justificación por su Espíritu,[d] así también solo a Él le corresponde instituir los medios o instrumentos externos por los cuales se nos aplique este beneficio, como son los sacramentos y el ministerio de la Palabra.

III. De estos no hallamos en la historia divina que Él haya instituido más de dos Sacramentos verdaderos, los cuales propiamente se puedan llamar Sacramentos, instituidos y ordenados para el fin ya mencionado, los cuales son el Bautismo[e] y la Santa Cena.[f] Los demás que se han añadido a estos, o lo fueren de aquí en delante, los consideramos adulterinos, si son invenciones de hombres que con blasfemo atrevimiento los inventaron (como se puede decir de la Confirmación como hoy se celebra en la Iglesia Romana), o si son ritos y costumbres que

necessary at one time but are now superfluous (as can be said of the Anointing of the Sick, now called Extreme Unction) or they are always necessary and essential in the Church but are merely rituals, albeit sacred (as can be understood about Penance, Holy Orders, and Matrimony). Although we consider them sacred and necessary rituals instituted by God, we do not refer to them as Sacraments in the sense described above.

[a] Mark 16; John 3

[b] 1 Peter 3

[c] Romans 4; Galatians 3

[d] Isaiah 53; John 8

[e] John 3; Matthew 28

[f] Matthew 26; Luke 22; Mark 14; 1 Corinthians 11

tengan fundamento en la Divina Palabra, necesarios en otro tiempo, pero que ahora serían superfluos (como se puede decir de la Unción de los Enfermos, ahora llamada Extrema Unción), o necesarios siempre y en todo tiempo en la Iglesia, pero que no son más que ritos, aunque sagrados (como se puede entender de la Penitencia, del Orden del Ministerio y del Matrimonio); aunque los tenemos por ritos sagrados y necesarios, instituidos por Dios, no los llamamos ni tenemos por sacramentos en el sentido arriba descrito.

[a] Marcos 16; Juan 3

[b] 1 Pedro 3

[c] Romanos 4; Gálatas 3

[d] Isaías 53; Juan 8

[e] Juan 3; Mateo 28

[f] Mateo 26; Lucas 22; Marcos 14; 1 Corintios 11

CHAPTER XII

On Baptism

I. In legitimate Baptism, duly administered with simple and common water, in the name of the Father, the Son, and the Holy Spirit, according to the institution and command of the Lord,[a] we confess that the benefit and a firm testimony of complete forgiveness of sins,[b] full righteousness, and eternal salvation are granted. It signifies regeneration by the Holy Spirit and entry into the kingdom of heaven for all believers, in accordance with the promise of the Lord and the statements about Baptism made by the Holy Spirit through the Apostles in the Divine Scripture.[c]

II. In the same act, we declare our perfect renunciation of the devil,[d] sin, the world, and ourselves. We acknowledge the death and burial of our old self, along with all its works and desires, and the clothing of the new self, created in the image of God, in righteousness and holiness. Ultimately, it symbolizes our resurrection with Christ to a new and heavenly life.

III. Although there is no explicit mention in the Divine Scripture that Baptism should be given to children before they reach the age of reason, we adhere to the practice of the Lord's Church, which, in turn, follows the Scripture when administering it instead of refraining from doing so. This is because,

CAPÍTULO XII

Del Bautismo

I. En el Bautismo legítimamente administrado, en agua simple y común, en virtud de la muerte y resurrección del Señor, y en el nombre del Padre y del Hijo y del Espíritu Santo, conforme a la institución y el mandamiento del mismo Señor,[a] confesamos efectuarse el beneficio, y darse juntamente firme testimonio, del perdón total de los pecados,[b] de entera justicia y de salvación eterna, de regeneración por el Espíritu Santo, y de entrada en el reino de los cielos a todos los creyentes, conforme a la promesa del mismo Señor y a las declaraciones del mismo Bautismo que el Espíritu Santo da por medio de los Apóstoles en la Divina Escriptura.[c]

II. En la misma acción manifestamos de nuestra parte una perfecta renuncia[d] del demonio, del pecado, del mundo y de nosotros mismos, y finalmente la desnudez, muerte y sepultura de nuestro viejo hombre, con todas sus obras y concupiscencias, y la vestidura del nuevo, que es creado a imagen de Dios, en justicia y en santidad, y finalmente la resurrección con Cristo para vida nueva y celestial.

III. Y aunque no haya expresa mención en la Divina Escritura de que el Baptismo deba darse a los niños antes de que tengan uso de razón, nos conformamos, no obstante, a la Iglesia del Señor, que se conforma a su vez a la misma Escritura al dárselo en vez de dejar de hacerlo, pues ellos, por beneficio del Señor

by the Lord's grace and promise, children no less belong to His covenant than parents do.[10]

---

10. What Reina states in regard to infant baptism is true, it is found nowhere in Scripture; all that we do find, however, are instances of adult credo-baptisms. Calvin, in his *Institutes*, IV, xvi, would have agreed, in one sense, in that his argumentation for infant baptism was not based on explicit Scriptural texts but rather on the Old Testament covenantal practice of circumcision. However, because of Reina's lack of emphasis on infant baptism, the Genevans found this to be detrimental to their cause, and it upset the French Consistory to which the confession was being presented to. While certainly biblical in its reasoning, and even gracious to those who disagreed with it, Reina's confessional position on baptism was not well received by the larger protestant community.

[a] Matthew 28; Mark 16

[b] Galatians 3; [Titus 3:5-7]; John 3

[c] [*Besiehe dieselbige örter*]

[d] Romans 6; 1 Peter 3

y por su promesa, no menos pertenecen a su pacto que los padres.[10]

---

10. Lo que Reina afirma con respecto al bautismo infantil es verdadero, no se encuentra en ninguna parte de las Escrituras; todo lo que encontramos, sin embargo, son casos de bautismos de credo adulto. Calvino, en su *Institución*, IV, xvi, habría acordado, en un sentido, en que su argumentación a favor del bautismo infantil no se basaba en textos bíblicos explícitos, sino más bien en la práctica de la circuncisión del Antiguo Testamento. Sin embargo, debido a la falta de énfasis de Reina sobre el bautismo infantil, los ginebrinos encontraron que esto era perjudicial para su causa, y molestó al Consistorio francés al que se presentaba la confesión. Aunque ciertamente bíblica en su razonamiento, e incluso amable con aquellos que no estaban de acuerdo con él, la posición confesional de Reina sobre el bautismo no fue bien recibida por la mayor comunidad protestante.

[a] Mateo 28; Marcos 16

[b] Gálatas 3; [Tito 3:5-7]; Juan 3

[c] [*Besiehe dieselbige örter*]

[d] Romanos 6; 1 Pedro 3

CHAPTER XIII

On Holy Communion

I. In the Holy Supper of the Lord, legitimately administered with true faith, using common bread and wine, in remembrance of the Lord's death,[a] and following the form as recorded in the holy history that He instituted and His apostles administered and used, we affirm that all believers receive in the bread the same true body of the Lord, which was delivered to death for us, and in the wine, His own blood, which was shed for the forgiveness of our sins. This is in accordance with the words of the Lord Himself: "Take, this is my body; this is my blood," and so on.[b]

II. In the same sacrament, we acknowledge that believers are given a certain and firm testimony from God that they are welcomed into His new community and covenant, eternally ratified for His people through the one mediator, Jesus Christ, and sealed with His death and blood. By virtue of this covenant, they are spiritually sustained and upheld in the Holy Supper,[c] partaking of His body and blood, so they may also share in His divine and eternal life, having been incorporated into Him[d] and made flesh of his flesh and bones of his bones.[e]

III. In the same act, we express that we are included among those who belong to this new and sacred community of God, along with His people in whose hearts God has inscribed His Law.[f] We consider ourselves living members of this sacred

CAPÍTULO XIII

De la Santa Cena

I. En la Santa Cena del Señor administrada legítimamente con verdadera fe, con pan y vino comunes, en memoria de la muerte del Señor,[a] y en la forma que por la santa historia consta que Él la instituyó y sus apóstoles la administraron y usaron, confesamos que a todos los creyentes se les da en el pan el mismo y verdadero cuerpo del Señor, que fue entregado a la muerte por nosotros, y en el vino su propia sangre, que fue derramada por el perdón de nuestros pecados, conforme a las palabras del mismo Señor: «Tomad, este es mi cuerpo; esta es mi sangre, etc.».[b]

II. En el mismo sacramento confesamos darse a los mismos creyentes un cierto y firme testimonio de Dios de que son admitidos en su nueva comunidad y pacto, ratificado eternamente a su pueblo en la mano del único mediador Jesucristo, y firmado con su muerte y sangre. Por virtud de este pacto son espiritualmente sustentados y sostenidos en la Santa Cena,[c] con el sostenimiento de su cuerpo y sangre, para que asimismo participen de su vida divina y eternal, siendo incorporados en Él[d] y hechos carne de su carne y huesos de sus huesos.[e]

III. En la misma acción manifestamos de nuestra parte que estamos incluidos en el número de los que pertenecen a esta nueva y sagrada comunidad de Dios, junto con su pueblo en cuyos corazones Dios ha escrito su Ley,[f] y que nos consideramos

body.[g] We also solemnly promise to demonstrate this through a life characterized by purity, piety, and holiness,[h] and especially through the special charity, love, and unity that should be evident among us.[i][11]

---

11. Reina rejects the Roman Catholic teaching of *transubstantiation*, which is the change of substance or essence by which the bread and wine offered in the sacrament of the Eucharist, become, in reality, the body and blood of Jesus Christ. Instead, the memorial aspect of the Eucharist is put forward by Reina as originally proposed and defended by the protestant reformer Ulrich Zwingli in *The Sixty-seven Articles* (1523) and *An Exposition of the Articles* (1523). What Reina writes in this confession is not found to contradict Calvin in his *Institutes*, IV, xvii, 21-24, or the teaching of Martin Luther, the German protestant reformer who sparked the reformation movement with his nailing of the 95 Theses.

[a] Matthew 26

[b] Mark 14; Luke 22; 1 Corinthians 11

[c] John 6; 1 Corinthians 11

[d] 1 Corinthians 1; Ephesians 4

[e] Ephesians 5

[f] Jeremiah 31

[g] 1 Corinthians 10

[h] 1 Corinthians 11

[i] 1 Corinthians 12, 13

miembros vivos de este sacrosanto cuerpo.[g] Asimismo prometemos solemnemente demostrarlo, con la limpieza, piedad y santidad de toda nuestra vida[h] y especialmente con la caridad, amor y unión especiales que entre nosotros ha de hallarse.[i][11]

---

11. Reina rechaza la enseñanza católica de la transubstanciación, que es el cambio de sustancia o esencia por el cual el pan y el vino ofrecidos en el sacramento de la Eucaristía se convierten, en realidad, en el cuerpo y la sangre de Jesucristo. En cambio, el aspecto conmemorativo de la Eucaristía es presentado por Reina como fue propuesto y defendido originalmente por el reformador protestante Ulrico Zuinglio en *Los sesenta y siete Artículos* (1523) y *Una Exposición de los Artículos* (1523). Lo que Reina escribe en esta confesión no contradice ni a Calvino en su *Institución*, IV, xvii, 21-24, ni la enseñanza de Martín Lutero, el reformador protestante alemán que desencadenó el movimiento de la reforma al clavar las *95 Tesis*.

[a] Mateo 26

[b] Marcos 14; Lucas 22; 1 Corintios 11

[c] Juan 6; 1 Corintios 11

[d] 1 Corintios 1; Efesios 4

[e] Efesios 5

[f] Jeremías 31

[g] 1 Corintios 10

[h] 1 Corintios 11

[i] 1 Corintios 12, 13

CHAPTER XIV

On the External Ministry of the Word; and the Authority of Ministers

I. Among the external means of our justification, we also consider the external ministry of the Word. We confess that the Lord instituted this ministry so that His chosen ones,[a] scattered throughout the world, may be called to His fold through the voice of His Gospel, and once called, may be justified by it. In this way,[b] God's purpose and intention in choosing them can be fulfilled.

II. We believe it is the Lord's own task,[c] as the Lord of the harvest, to call, authorize, and equip ministers of the New Testament[d] with His gifts and Spirit and send them to call His Church.[e] Once called, these ministers gather the Church in unity of faith and love,[f] nurture it with the nourishment of His Word, and support it through Christian communion and discipline.

III. Since the authority of the apostolate or the ministry of the Gospel Word resides entirely in the one Apostle, Minister, and Teacher of our faith, Christ, and since they are sent in His name, as we have mentioned, we confess that the Word they administer deserves both respect and obedience. Those who obey or despise them should be regarded as obeying or despising the Lord Himself[g] because they are His ministers. We understand this as their legitimate call to the ministry, which

CAPÍTULO XIV

Del ministerio externo de la Palabra
y de la autoridad de los ministros

I. En el mismo orden de los medios exteriores de nuestra justificación contamos también el ministerio externo de la Palabra; el cual confesamos que fue instituido por el Señor a fin de que sus escogidos,[a] esparcidos por todo el mundo, sean llamados a su redil con la voz de su Evangelio y, una vez llamados, sean por ella justificados, y así se cumpla en ellos,[b] en cuanto a esta parte, el propósito e intención de Dios que los escogió.

II. Creemos que es el propio oficio del mismo Señor,[c] como Señor de la mies, llamar, autorizar y hacer idóneos con sus dones y Espíritu a tales ministros del Nuevo Testamento,[d] y enviarlos a que llamen a su Iglesia;[e] y una vez llamada, la congreguen en unidad de fe y de amor,[f] la apacienten con el pasto de su Palabra, y la sostengan con la misma en la comunión y la disciplina cristianas.

III. Residiendo la autoridad del apostolado o ministerio de la palabra del Evangelio *in solidum* en el único Apóstol, Ministro y Maestro de nuestra fe, el Cristo, y siendo ellos enviados en su nombre, como hemos dicho, confesamos que se debe tanto respeto y obediencia a la Palabra que administran, que quien a ellos obedeciere o menospreciare debe ser visto como que obedece o menosprecia al mismo Señor,[g] pues son ministros suyos. Entendemos que este es su llamado legítimo al ministerio, y no

does not involve teaching any other Gospel than the one the Lord taught and commanded to be preached to all nations.[h] They should not lord over the consciences of those[i] they should serve,[j] as the kingdom and inheritance of the Lord Himself.

[a] Matthew 10, 28; Mark 3, 16;
Luke 6

[b] Romans 8

[c] 1 Corinthians 12

[d] 2 Corinthians 3

[e] Romans 10

[f] Acts 2; 1 Peter 5

[g] Matthew 10; Luke 10;
1 Thessalonians 4

[h] Galatians 2

[i] Luke 22; 2 Corinthians 1;
1 Peter 5

[j] 2 Corinthians 4

enseñar otro Evangelio que el que el Señor enseñó y mandó que se predicase a todas las naciones,[h] ni enseñorearse con tiranía sobre las consciencias de aquellos[i] a cuienes más bien deben servir,[j] por ser reino y heredad del Señor mismo.

[a] Mateo 10, 28; Marcos 3, 16;
Lucas 6

[b] Romanos 8

[c] 1 Corintios 12

[d] 2 Corintios 3

[e] Romanos 10

[f] Hechos 2; 1 Pedro 5

[g] Mateo 10; Lucas 10;
1 Tes. 4

[h] Gálatas 2

[i] Lucas 22; 2 Corintios 1;
1 Pedro 5

[j] 2 Corintios 4

CHAPTER XV

On the Ecclesiastical Discipline

I. Although we are not justified through the exercise of church discipline, it is clear that we should rightly consider it among the external means of our justification. Church discipline is primarily intended to help keep the faithful, who are gathered in any place, in righteousness and a life of purity. It also serves to maintain the unity of faith and agreement in the doctrines professed by the universal Church.

II. We confess that every believer, as far as Christian freedom allows and the love of the brethren requires, should be subject to this teaching guided by the Spirit of God and according to the rule of the Divine Word.[a]

III. Therefore, we willingly submit to it, desiring to be taught with love by those who are more sensitive, and to be corrected by it for any faults found in us, as in the case of any other individuals.

[a] Matthew 18

CAPÍTULO XV

De la disciplina eclesial

I. Aunque por el ejercicio de la disciplina eclesial no seamos justificados, es evidente que con razón la debemos poner entre los medios externos de nuestra justificación, ya que por ella primeramente se procura retener a los fieles, que son congregados en cualquier lugar, en la justicia y limpieza de vida, y asimismo en la unidad de fe y consentimiento de doctrina que profesa la Iglesia universal.

II. A esta doctrina gobernada por el Espíritu de Dios y por la regla de la Divina Palabra, confesamos que debe sujetarse todo creyente en cuanto la libertad cristiana lo permitiere y la caridad de los hermanos lo demandare.[a]

III. Y así nosotros nos sujetamos a ella de buena voluntad, deseando y pidiendo ser enseñados con caridad por aquellos que son más sensibles, y ser corregidos con la misma en las faltas que en nosotros, como en los hombres, se hallaren.

[a] Mateo 18

CHAPTER XVI

On the Political Magistrate

I. In this same order of church discipline, we place the political magistrate in the Christian Church. We understand that the magistrate is ordained by God[a] and has received the sword from His hand to maintain peace and order within the state. The magistrate's role includes defending the state from its enemies, punishing wrongdoers, and honoring and rewarding the virtuous, all of which contributes to the advancement of the Kingdom of Christ and His glory.[b]

II. We believe that every person, regardless of their status or condition, owes the magistrate respect, tribute, and obedience as long as the magistrate does not command anything contrary to the will of God and His Word.[c] This duty is owed even if the magistrate is an unbeliever.[d]

III. Furthermore, while the roles of the political magistrate and the ministry of the Word in the Christian Church are distinct, and the governance of civil order is separate from ecclesiastical order, we understand that the congregation of the faithful in any place constitutes a Christian civil order. Therefore, if the political magistrate is a believer, he is the head of church discipline and holds supreme authority to execute all that pertains to the Kingdom of the Lord and the advancement of His glory, not only in matters of human civil order but also, and primarily, in matters related to divine worship. We do not believe

CAPÍTULO XVI

Del magistrado político

I. En este mismo orden de la disciplina eclesial ponemos el magistrado político en la Iglesia Cristiana, el cual entendemos que es ordenado por Dios,[a] y ha recibido de su mano la espada para mantener la república en paz y en reposo, defendiéndola de los enemigos, castigando a los malhechores, y honrando y premiando los virtuosos, todo para hacer avanzar el Reino de Cristo y su gloria.[b]

II. Por este oficio entendemos que toda persona, de cualquier estado o condición que sea, le debe respeto, tributo y sujeción, entretanto que no mandare nada contrario a la voluntad de Dios y su Palabra;[c] y entendemos que esto le es debido aunque sea un incrédulo.[d]

III. Asimismo entendemos que, aunque en la Iglesia Cristiana sean diferentes los oficios del magistrado y del ministerio de la Palabra, como también son diferentes el gobierno del orden civil y el orden eclesial, aun así, por cuanto la Iglesia de los fieles congregados en cualquier lugar no es otra cosa que una república o un tipo de orden civil cristiano, entendemos que, si el magistrado político es creyente, él es cabeza de la disciplina eclesial y tiene suprema autoridad para hacer llevar a cabo todo lo que compete al Reino del Señor y al avance de su gloria, no solo en lo que toca al orden civil humano, sino también y prin-

there is more than one jurisdiction within the congregation of the faithful, whose laws are the Word of God and those that conform to it, with the Christian magistrate being the supreme earthly judge.[e]

[a] Romans 13; 1 Peter 2; Wisdom of Solomon 6

[b] [*Besiehe die angezogene Capiteln*]

[c] Acts 4

[d] Matthew 17, 22; 1 Peter 2

[e] [*Besiehe die angezogene örter*]

cipalmente en lo que corresponde al culto divino. Tampoco entendemos que haya en la Iglesia de los fieles más de una sola jurisdicción, cuyas leyes son la Palabra de Dios y las que con ella se conformaren, y el supremo juez en la tierra es el magistrado cristiano.[e]

[a] Romanos 13; 1 Pedro 2; Sapient. 6

[b] [*Besiehe die angezogene Capiteln*]

[c] Hechos 4

[d] Mateo 17, 22; 1 Pedro 2

[e] [*Besiehe die angezogene örter*]

CHAPTER XVII

On the Holy Spirit, and the Life of Christians

I. God has declared in His Holy Word that the purpose for which He delivers man from sin, death, and the devil is so that he may serve Him in righteousness and holiness of life every day he lives.[a] The end for which He regenerates and makes man a new creature by His Spirit is so that,[b] casting off the image of the old and earthly Adam, he may be clothed with the new and heavenly, which is Christ. The end for which He makes man die through the rigor of the Law[c] and buries him with Christ[d] is so that, through the power of faith in Him, he may rise and ascend to heaven with Him, forsaking the things of this age,[e] dying to himself and seeking the heavenly,[f] leading a heavenly life,[g] by which God is known and glorified among men as the author of such a marvelous work,[h] and the world is convicted of its corruption and sin[i] and, as it were, compelled to acknowledge, through the heavenly life of the faithful,[j] the virtue of Jesus Christ and the efficacy of His death and resurrection, and also the superiority of the Christian religion over all false sects and superstitions of the world.

II. Therefore, we believe and confess that it is a necessary condition for all who are truly justified by true repentance and faith[k] to receive the Holy Spirit, by whose power they are sanctified,[l] guided by His leading into the knowledge of all truth,[m] governed in all their enterprises and works,[n] strengthened and comforted in all their afflictions.[o] He raises them up with a sure

CAPÍTULO XVII

Del Espíritu Santo y de la vida de los cristianos

I. Dios ha declarado en su Santa Palabra que el fin para el cual Él libra al hombre del pecado, de la muerte y del demonio es para que le sirva en justicia y en santidad de vida todos los días que viviere.[a] El fin para el que lo regenera y lo hace nueva criatura por su Espíritu[b] es para que, dejando la imagen del viejo y terrenal Adán, se vista del nuevo y celestial, que es Cristo. El fin para el que lo hace morir mediante el rigor de la Ley[c] y lo sepulta con Cristo[d] es para que, por medio del poder de la fe en él, resucite y ascienda a los cielos con Él, y dejando ya de procurar las cosas de este siglo,[e] muera a él[f] y procure las celestiales,[g] y lleve una vida celestial,[h] con la cual Dios sea conocido y glorificado entre los hombres como autor de tan maravillosa obra, y el mundo sea convencido de su corrupción y pecado,[i] y, por así decirlo, forzado a conocer,[j] por la vida celestial de los fieles, la virtud de Jesucristo y la eficacia de su muerte y resurrección, y asimismo la prioridad que la religión cristiana tiene contra todas las sectas falsas y supersticiones del mundo.

II. Por tanto creemos y confesamos que es una condición necesaria de todos los que de verdad son justificados por un verdadero arrepentimiento y fe,[k] que reciban el Espíritu Santo, por cuya virtud son santificados[l] y guiados[m] por su impulso en el conocimiento de toda verdad, y gobernados en todas sus empresas y obras,[n] esforzados y consolados en todas sus aflic-

hope of the heavenly homeland,[p] kindles in their hearts ardent desires for the spread of the kingdom and glory of God, exhorts them to continuous prayer, teaches, dictates, prescribes, and commands what they should ask for, and gives them the boldness to stand before God and offer their needs to Him as their true Father and to expect from Him what they ask.

III. By the power of the same Spirit, they wholeheartedly deny and renounce themselves,[q] that is, the desires, wisdom, counsel, and determinations or intentions of their flesh, in the mortification of which they labor incessantly with all diligence and effort, desiring, hoping, and requesting with living sighs the coming of that glorious day when they will receive complete and perfect redemption, full and perfect holiness and purity. In the meantime, they follow as the only rule of the divine will (to know both what they should mortify in themselves and what they should retain and revive) the Word of God and the light of the Spirit of God,[r] who writes it on their hearts so that they may persevere with heavenly joy in this holy obedience, not as fearful servants,[s] but as children who fully trust in the eternal and steadfast love of their heavenly Father.

IV. For this very purpose, they have the living example of Christ,[t] whom they take as the unique, natural, and legitimate pattern of the image of God to which they must be conformed. They continually fix their eyes on Him and learn from Him true meekness, humility, patience, obedience, and submission to the will of the heavenly Father, genuine and perpetual zeal for His glory, true charity and love without hypocrisy or pretense among themselves, self-denial, and a genuine disregard for this age and everything in it, pious care and loyalty in the

ciones.[o] El mismo los levanta en la esperanza segura de la patria celestial;[p] enciende en sus corazones ardientes deseos de la propagación del reino y gloria de Dios; los exhorta a la oración continua; les enseña, dicta, prescribe y ordena lo que deben pedir; y les da osadía para presentarse delante de Dios y ofrecerle sus necesidades, como su verdadero Padre, y esperar de Él que les conceda lo que piden.

III. Por el poder del mismo Espíritu abniegan y renuncian de todo corazón a sí mismos,[q] es decir, a los deseos, sabiduría, consejo y determinaciones o intenciones de su carne, en cuya mortificación trabajan sin cesar con toda diligencia y esfuerzo, deseando, esperando, y pidiendo con gemidos vivos la venida de aquel glorioso día en que recibirán la redención cumplida y perfecta, entera y llena santidad y limpieza, siguiendo entretanto como única regla de la divina voluntad (para conocer tanto lo que han de mortificar en sí mismos como lo que han de retener y avivar) la Palabra de Dios y la luz del Espíritu de Dios,[r] que la escribe en sus corazones para que puedan perseverar con gozo celestial en esta santa obediencia, no como siervos temorosos,[s] sino como hijos que confían plenamente en el eterno y firme amor de su Padre celestial.

IV. Con este mismo propósito les sirve el ejemplo vivo de Cristo,[t] al cual toman por único, natural y legítimo patrón de la imagen de Dios, a cuya semejanza han de ser reformados; en el cual, teniendo los ojos puestos perpetuamente, aprenden de Él verdadera mansedumbre, humildad, paciencia, obediencia y sujeción, a la voluntad del Padre celestial, celo verdadero y perpetuo de su gloria, verdadera caridad y amor sin hipocresía ni ficción entre sí, abnegación y verdadero menosprecio de este siglo y de todo lo que en él se ve, solicitud piadosa y lealtad en

vocation in which God wants them to serve Him, along with all the other virtues that belong to the spiritual and heavenly life. They are transformed in Him,[u] obtaining ever greater clarity, drawing from Him all these virtues, not as from any other external example or model but from the source and head of all who are indissolubly united to Him by the power of faith and love, in whom all these virtues are deposited and from whom they flow into all His members.

V. By these effects, the Holy Spirit[v] is recognized in the government of the Lord's Church, and the Christian people are also known among all the nations of the world as a people whom God has blessed and as a demonstration of His glory, according to what the Prophets had promised about Him.[w] This way of life is called in Holy Scripture a holy life, life according to the Spirit, a spiritual life, a life of faith, walking according to the Spirit, not according to the flesh, a heavenly conduct, or a heavenly life because it belongs only to those who have truly received the true Gospel, possess living and effective faith, and have received the Holy Spirit, who efficaciously produces such effects in them.

[a] Luke 1; 1 Peter 4

[b] John 3; 1 Corinthians 15;
Colossians 3

[c] Romans 7; 2 Corinthians 3;
Hosea 6

[d] Romans 6

[e] Romans 12; Titus 2;
1 Corinthians 7

[f] Galatians 6; 1 John 3

la vocación en que Dios quiere que ellos le sirvan, con todas las demás virtudes que pertenecen a la vida espiritual y celestial, y se van transformando en Él obteniendo cada vez mayor claridad,[u] tomando de Él todas estas virtudes, no como de cualquier otro ejemplo o modelo externo, sino como de la fuente y cabeza de todos los que están unidos por la virtud de la fe y el amor de manera indisoluble a Aquel en quien todas están depositadas, y de quien se derivan en todos sus miembros.

V. Por estos efectos es conocido el Espíritu Santo[v] en el gobierno de la Iglesia del Señor; y el pueblo cristiano asimismo es conocido entre todas las naciones del mundo como un pueblo a quien Dios bendijo, y como demostración de su gloria, conforme a lo que de Él habían prometido los Profetas.[w] Esta manera de vida es llamada en la Escritura Santa vida santa, vida según el Espíritu, vida espiritual, vida de fe, andar conforme al Espíritu, no conforme a la carne, conducta celestial, o vida celestial, por ser propia solo aquellos que realmente recibieron el Evangelio verdadera, y tienen fe viva y eficaz, y que recibieron el Espíritu Santo, el cual en ellos produce tales efectos de manera eficaz.

[a] Lucas 1; 1 Pedro 4

[b] Juan 3; 1 Corintios 15; Colosenses 3

[c] Romanos 7; 2 Corintios 3; Oseas 6

[d] Romanos 6

[e] Romanos 12; Tito 2; 1 Corintios 7

[f] Gálatas 6; 1 Juan 3

[g] Colossians 3

[h] Matthew 5;
1 Corinthians 6; 1 Peter 2

[i] Philippians 2

[j] James 3:1; 1 Peter 2

[k] Matthew 3; John 7;
Acts 2

[l] Romans 1

[m] John 16; 1 John 2

[n] Romans 8

[o] John 15, 16; Romans 8

[p] Romans 8;
1 Corinthians 1

[q] Romans 8

[r] Psalms 8, 19, 119

[s] Romans 6

[t] Matthew 12; Hebrews 12;
1 Peter 2; John 13;
Romans 15; Philippians 2;
2 Corinthians 3, 4

[u] See Chapter Eleven;
John 1; Ephesians 4;
Colossians 2

[v] See Chapter One

[w] Isaiah 60, 61; Romans 8;
1 Corinthians 2;
Habakkuk 2; Romans 1;
Hebrews 10

[g] Colosenses 3

[h] Mateo 5;
1 Corintios 6; 1 Pedro 2

[i] Filipenses 2

[j] Santiago 3:1; 1 Pedro 2

[k] Mateo 3; Juan 7;
Hechos 2

[l] Romanos 1

[m] Juan 16; 1 Juan 2

[n] Romanos 8

[o] Juan 15, 16; Romanos 8

[p] Romanos 8;
1 Corintios 1

[q] Romanos 8

[r] Salmos 8, 19, 119

[s] Romanos 6

[t] Mateo 12; Hebreos 12;
1 Pedro 2; Juan 13;
Romanos 15; Filipenses 2;
2 Corintios 3, 4

[u] Consulta capitulo once;
Juan 1; Efesios 4; Colosenses 2

[v] Consulta capitulo uno

[w] Isaías 60, 61; Romanos 8;
1 Corintios 2; Habacuc 2;
Romanos 1; Hebreos 10

CHAPTER XVIII

On the Holy Universal Church,
and of the Fellowship of the Saints

I. We confess and believe that this holy assembly is the one Church of the Lord Jesus Christ. In this assembly, even though many hypocrites and members of the Antichrist are outwardly counted (for the Lord permits this to test His own until the end of the age), its holiness[a] is not diminished because it has no relationship with those who lack living faith and the Spirit, which are the means by which only the true children of God are regenerated.

II. We also confess that this holy and blessed people do not have a designated place here[b] but are pilgrims scattered throughout the world.[c] This does not diminish their unity and union, as all who legitimately belong to this people have the same Father in heaven.[d] They are animated and quickened by the same Spirit of Christ, and they have the same faith in Him. We understand that these conditions are so effective for the unity of the true Church of the Lord that it is not divided by the diversity and distance of places or ages and centuries. This is not only true in the time of the New Testament but also in the Old Testament, and even before it. This holy people is composed of all the righteous who have been, are, and will be in the world, from Adam to the last man.

CAPÍTULO XVIII

De la santa Iglesia universal,
y de la santa comunión de los santos

I. Confesamos y creemos que esta santa compañía es una sola Iglesia del Señor Jesucristo, en la cual, aunque exteriormente sean contados muchos hipócritas y miembros del anticristo (pues el Señor así lo permite para probar a los suyos hasta la consumación del siglo), ninguna cosa disminuye su santidad,[a] pues con los tales ninguna relación tiene en lo que toca a la fe viva y al Espíritu, con lo cual solo los verdaderos hijos de Dios son regenerados.

II. Y también confesamos que este santo y bienaventurado pueblo no tiene aquí un lugar designado,[b] sino que es peregrino y está esparcido por todo el mundo;[c] lo cual tampoco disminuye su unidad y unión, pues todos los que a este pueblo pertenecen legítimamente tienen un mismo Padre en los cielos,[d] son animados y vivificados con un mismo Espíritu de Cristo, tienen una misma fe en Él. Entendemos que estas condiciones son tan eficaces para la unidad de la verdadera Iglesia del Señor, que no la dividen la diversidad y distancia entre los lugares, ni tampoco las de las edades o siglos; y esto no solamente en el tiempo del Nuevo Testamento, sino incluso en el Antiguo, y antes de él, siendo conformado este santo pueblo por todos los justos que han sido, son y serán en el mundo desde Adán hasta el postrer hombre.

III. By virtue of this union[e] and the indissoluble bond of earthly charity through which all the members of this sacred body are united in Christ, we confess that there is a secret relationship among them.[f] This relationship involves not only the spiritual and bodily blessings that each individual member receives but also the troubles and afflictions they suffer in the world.[g] Through this relationship, they sympathize with those who are suffering,[h] mourn with those who are mourning,[i] and rejoice with those who are rejoicing. Among them, both evils and blessings are shared, because the strong and indissoluble bond of love that unites them in Christ allows nothing else. Even the distance of nations cannot hinder the sense of concern or the support of prayer by which they pray for one another, even if it hinders physical assistance.

[a] Matthew 13, 25
[1 John 2; 1 John 4;
2 John 7]

[b] Mark 13

[c] 1 Peter 1

[d] Ephesians 4

[e] John 17;
1 Corinthians 6

[f] 1 Corinthians 12;
Ephesians 4

[g] Hebrews 10

[h] 2 Corinthians 11

[i] Romans 12

III. Por virtud de esta unión,[e] y del vínculo de caridad terrenal e indisoluble con que todos los miembros de este sagrado cuerpo están unidos en Cristo, confesamos que hay entre ellos una relación secreta,[f] no solo de los bienes espirituales y corporales que cada miembro en particular recibe, sino incluso de los males y aflicciones que padecen en el mundo.[g] Por esta relación enferman con los que enferman,[h] lloran con los que lloran[i] y se alegran con los que se alegran; siendo entre ellos comunes tanto los males como los bienes, porque el fuerte e indisoluble vínculo de amor con que los une en Cristo no permite otra cosa, ni la distancia de las naciones puede impedir el sentimiento ni el socorro de la oración con que oran los unos por los otros, aunque impida el socorro corporal.

[a] Mateo 13, 25
[1 Juan 2; 1 Juan 4;
2 Juan 7]
[b] Marcos 13
[c] 1 Pedro 1
[d] Efesios 4
[e] Juan 17; 1 Corintios 6
[f] 1 Corintios 12; Efesios 4
[g] Hebreos 10
[h] 2 Corintios 11
[i] Romanos 12

CHAPTER XIX

On Some Signs by Which the External Church Can Be Known in the World; and Others That Mark Out Those Who Infallibly Belong to the Spiritual and Invisible (Church), Whether in the External Congregation of the Faithful, and Now Are Not

I. We confess that this holy company, although it is invisible to physical eyes and human reason due to being a spiritual kingdom and not a society according to the flesh, has certain signs and marks derived from the Divine Word by which it can be recognized in the world when its members gather physically in a particular place.

II. The first is the pure preaching of the Gospel, without any admixture of human doctrines or beliefs, regarding the salvation of humanity and the worship of God.

III. The second is the legitimate administration and use of the sacraments, with the sincerity and purity of human additions that are evidenced by the Divine Word as being instituted by the Lord and used by His apostles.

IV. The third is ecclesiastical and Christian discipline exercised for the purposes mentioned earlier in Chapters XV and XVI.

V. However, because it is possible that, even with these signs, not all who outwardly agree with them belong to the true and

CAPÍTULO XIX

De algunas señales por las cuales la Iglesia externa puede ser conocida en el mundo; y de otras que señalan los que infaliblemente pertenecen a la espiritual e invisible, ya sea que estén en la congregación externa de los fieles o no

I. Confesamos que esta santa compañía, aunque (por ser reino espiritual y compañía no según la carne) sea invisible a los ojos físicos y al juicio de la razón humana, tiene algunas señales y notas tomadas de la Divina Palabra, por las cuales puede ser conocida en el mundo cuando se reúnen físicamente en algún lugar.

II. La primera es la predicación pura del Evangelio, sin mezcla de doctrinas o creencias humanas, con respecto a la salvación de los hombres y al culto a Dios.

III. La segunda es la administración y uso legítimo de los sacramentos, con la sinceridad y limpieza de adiciones humanas que por la Divina Palabra evidencian haber sido instituidos por el Señor y usados por sus Apóstoles.

IV. La tercera es la disciplina eclesial y cristiana ejercida en el orden y por los fines mencionados antes en los capítulos XV y XVI.

V. Mas porque puede ser que, aun habiendo estas mismas señales, no todos los que en ellas convinieren exteriormente

spiritual Church of the Lord, and on the contrary, even with some tolerable faults due to human weakness, those who commune with them will not be excluded from the true Church if they remain in the foundation, which is Christ. Therefore, we understand that there are other signs by which the true members of the Lord Jesus Christ can not only be sure in their consciences that they are His, but they can also recognize each other when they meet in the land of their pilgrimage and differentiate between the children of the world or the Antichrist, no matter how covered they are with titles and the appearance of religion.

VI. The first is the testimony of the Holy Spirit, who dwells in the hearts of all the faithful, and it cannot be lacking, as mentioned above in Chapter Sixteen. It is impossible that where this Spirit is present, it does not manifest itself externally in purity and holiness of life.[a] This sign is given to us by the Holy Spirit in the book of Isaiah, where it says: "As for me, this is my covenant with them (namely, with the pious of His people): My Spirit that is upon you (speaking of the Messiah)." And in Isaiah 61, it says: "And their offspring shall be known among the nations, and their descendants in the midst of the peoples; all who see them shall acknowledge that they are a blessed offspring of the Lord." But the Lord makes it even clearer when He says: "By their fruits you will recognize them; A good tree cannot produce bad fruit, nor can a bad tree produce good fruit, etc."[b]

VII. Although this aforementioned sign generally takes place in all areas of a Christian's life, because the Christian is like a tree planted by the streams of the waters of the Word and the

pertenezcan a la verdadera y espiritual Iglesia del Señor (así como también por el contrario, aun habiendo en ellas algunas faltas tolerables por la flaqueza humana, no por eso luego serán excluidos de la verdadera Iglesia los que en ella comulguen, permaneciendo en el fundamento, que es el Cristo), entendemos que hay otras, por las cuales los verdaderos miembros del Señor Jesucristo, no solo ellos podrán estar seguros en sus consciencias de que lo son, sino que incluso podrán conocerse los unos a los otros cuando se toparen en la tierra de su peregrinación, y podrán hacer diferencia entre los hijos del siglo, o del anticristo, por muy cubiertos que estén de títulos y apariencia de religión.

VI. La primera es el testimonio del Espíritu Santo, que habita en los corazones de todos los fieles, sin poder faltar (como arriba dijimos en el cap. XVI). Es imposible que donde se encuentre este Espíritu, deje de manifestarse externamente en pureza y santidad de vida.[a] Esta señal nos es dada por el Espíritu Santo en Isaías cap. 59, donde dice así: « Y este será mi pacto con ellos (a saber, con los piadosos de su pueblo): El Espíritu mío que está sobre ti (habla con el Mesias)». Y en el cap. 61 dice: «Y la descendencia de ellos será conocida entre las naciones, y sus renuevos en medio de los pueblos; todos los que los vieren, reconocerán que son linaje bendito de Jehová». Mas clara aun nos la pone el Señor, cuando dice: «Por sus frutos los conoceréis; No puede el buen árbol dar malos frutos, ni el árbol malo dar frutos buenos, etc.».[b]

VII. Aunque esta señal ya mencionada tenga lugar generalmente en todas las áreas de la vida del hombre cristiano, por ser este un árbol que, plantado a las corrientes de las aguas de

Spirit of God, bearing fruit in abundance at all times, there are certain fruits that stand out and are visible to those who observe them.[c] The first of these is speech, which, in the ungodly or worldly person, is either blasphemous against the divine majesty, false, injurious to others,[d] or at the very least, vain. In the truly regenerated and pious person, it is generally true speech that honors the divine majesty, filled with pious teaching and spiritual benefit for those who hear and read it. This is, therefore, the second sign of the truly godly person who belongs to the people of God. This sign is found in the same passage from Isaiah mentioned above, in chapter 59, where the Spirit of God and Christ, as the root, passes to words as the first fruit, saying, "My words that I have put in your mouth shall not depart out of your mouth, or out of the mouth of your offspring, or out of the mouth of your children's offspring, says the Lord, from this time forth and forevermore." Conversely, the ungodly or worldly person "speaks out of the abundance of the heart," as the Lord says. This is why the Apostle continually admonishes the faithful, saying, "If anyone speaks, let him speak as the words of God.[e] Let no corrupt word proceed out of your mouth, etc."[f]

VIII. The third sign is a burning affection and insatiable desire for the Word of God, and a continuous engagement with it to hear, understand, and deal with it. In contrast, disgust and hatred of it reveals the disposition of the ungodly and worldly person who neither seeks it, loves it, nor can tolerate it because God presents it to him.[g] The Lord gives us this sign, saying, "He who is of God hears the words of God, etc." David, in Psalm 1, meditates on God's law day and night, and in Psalm

la Palabra y del Espíritu de Dios, da sus frutos en abundancia y en todo momento, sin embargo, hay algunos de estos frutos que, antes de todos los otros, se señalan y se muestran a los ojos de los que los observan.[c]

De estos el primero es la palabra, la cual, así como en el hombre impío o mundano es, o blasfema contra la divina majestad, o mentirosa, o injuriosa contra los hombres,[d] o por lo menos vana: en el hombre piadoso y de verdad regenerado comúnmente es palabra de verdad, que honra la divina majestad, llena de enseñanza piadosa y provecho espiritual para los que la oyen y leen. Será pues esta la segunda señal del hombre piadoso y que de verdad pertenece al pueblo de Dios; la cual nos es puesta en el mismo pasaje de Isaías citado arriba, a saber: cap. 59, donde del Espíritu de Dios y de Cristo, como la raíz, luego pasa a las palabras como el primer fruto, diciendo: «y mis palabras que puse en tu boca, no faltarán de tu boca, ni de la boca de tus hijos, ni de la boca de los hijos de tus hijos, dijo Jehová, desde ahora y para siempre». Por el contrario, el impío o mundano «de la mala abundancia de su corazón habla», como dice el Señor. Por esto se dan las continuas amonestaciones del Apóstol a los fieles: «Si alguno habla, hable conforme a las palabras de Dios.[e] Ninguna palabra corrompida salga de vuestra boca, etc.».[f]

VIII. La tercera señal es un ardiente afecto y deseo insaciable por la Palabra de Dios, y un oficio continuo por oírla, entenderla y tratarla; así como, por el contrario, el disgusto y aborrecimiento de ella evidencia el ánimo del hombre impío y mundano, que ni la busca, ni la ama, ni la puede soportar por motivo de que Dios la presenta.[g] El Señor nos pone esta señal diciendo: «El que es de Dios, las palabras de Dios oye, etc.». David, Salmo 1: «En su ley medita de día y de noche»; Salmo

119, he says, "How sweet are your words to my taste, sweeter than honey to my mouth, etc."

IX. The fourth sign is mercy, by which the children of God specifically reflect the character of their heavenly Father and resemble Him, "who (as the Lord says) makes His sun rise on the evil and the good and sends rain on the just and the unjust."[h] In contrast, cruelty and a thirst for blood, etc., belong to those (the Pharisees) whom the Lord recognizes as children of Satan: "He (says) has been a murderer from the beginning, etc." This sign is consistent with the likeness of a sheep, which is often used to symbolize the nature and character of the children of God in the divine Scripture, while the likeness of a wolf, dragon, lion, and other similar cruel beasts represents the nature of the devil and all his children. "He brought death into the world (says Sirach), and all those who are of his party imitate him."[i]

X. The fifth sign is love and all kinds of kindness toward one's enemies. The Lord also presents this as a unique mark of the children of God, in the passage mentioned for the previous sign:[j] "Love your enemies, bless those who curse you, do good to those who hate you, and pray for those who spitefully use you and persecute you." There is no better argument to convince the children of this age that there is another nature in the godly, beyond human, where they expected enmity in return for enmity, injury for injury, force for force, etc. (as they have in their right: "It is lawful to repel force with force"), but instead find mercy, love, and kindness, as the Apostle testifies, saying, "By doing this, you will heap coals of fire on his head."[12]

---

12. Here Reina quotes Romans 12:20

119: «¡Cuán dulces son a mi paladar tus palabras! Más que la miel a mi boca, etc.».

IX. La cuarta señal es la misericordia, con la cual los hijos de Dios representan de manera especial el carácter del Padre celestial, y se parecen a Él, «que hace (como dice el Señor) salir su sol sobre malos y buenos, y que hace llover sobre justos e injustos».[h] Por el contrario, que es crueldad y sed de sangre, etc., lo que el Señor reconoce que pertenece a aquellos (los fariseos) que son hijos de Satanás: «El (dice) ha sido homicida desde el principio, etc.». Con esta señal concuerda la semejanza de la oveja con que suele compararse la naturaleza y carácter de los hijos de Dios en la divina Escritura, y la del lobo, dragón, león y de otras bestias crueles semejantes con que se compara la del demonio y de todos sus hijos. «El metió la muerte en el mundo (dice el Eclesiástico), y a el imitan todos los que son de su vando».[i]

X. La quinta señal es el amor, y toda clase de bondad para con los enemigos. Esta también nos pone el Señor como marca singular de los hijos de Dios, en el pasaje mencionado para la señal precedente:[j] «Amad (dice) a vuestros enemigos, bendecid a los que os maldicen, haced bien a los que os aborrecen, y orad por los que os ultrajan y os persiguen». No hay argumento que convenza mejor a los hijos de este siglo para que entiendan que hay en los piadosos otra naturaleza más que humana que, donde ellos esperaban enemistad contra enemistad, injuria contra injuria, fuerza contra fuerza, etc. (como tienen en su derecho: «Es licito apartar la fuerza con fuerza»), hallen misericordia, amor y bondad, como testifica el Apóstol, diciendo «Haciendo esto, ascuas de fuego amontonarás sobre su cabeza».[12]

---

12. Reina está citando aquí Romanos 12:20

98

XI. The sixth sign is genuine love, an indissoluble charity for one another, such that it is externally demonstrated with unfeigned testimonies and is not broken for trivial reasons. Finally, we understand the love of which the Apostle speaks in 1 Corinthians 13, which "bears all things, believes all things, hopes all things, endures all things, is patient, kind, not envious, does not seek its own, etc." It should be placed above all other virtues, even above faith itself, because it is (as the Apostle himself says)ᵏ "the bond of Christian perfection." The Lord establishes this as an infallible and perpetual mark of His own in the Gospel of John, chapter 13: "By this all will know that you are My disciples if you have love for one another." When there is a lack of this, the Apostle rebukes the Corinthians, telling them they are mere humans: "For you are still carnal. For where there are envy, strife, and divisions among you, are you not carnal and behaving like mere men?"[13] He takes this as an opportunity to strongly exhort them to love.

XII. The seventh sign is the cross and affliction in the world, as those who profess true piety and confess the name of the Lord incur irreconcilable enmity and perpetual hatred, just as He did. God has ordained that His Church be continually subject to this cross in the world, for reasons revealed by the Holy Spirit in His Word.ˡ The Lord points to this mark in many places: "Most assuredly, I say to you that you will weep and lament, but the world will rejoice. You will have tribulation in the world. If they persecuted Me, they will also persecute you. A servant is not greater than his master. If you were of the world, the world would love its own"ᵐ (Matthew chapters 10

---

13. Here Reina quotes 1 Corinthians 3:3

XI. La sexta señal es el amor verdadero, la caridad indisoluble de los unos para con los otros, tal que se manifieste externamente con testimonios no fingidos y no se rompa por razones livianas; finalmente entendemos sobre el amor de que habla el Apóstol, 1 Corintios 13, que «todo lo sufre, espera y suporta, que es sufrido, benigno, no ambicioso, ni busca su propio provecho, etc.», y que se debe anteponer a todas las otras virtudes, aunque sea a la misma fe, por ser (como el mismo Apóstol dice[k]) «el vínculo de la perfección cristiana».

Esta señal nos pone el Señor por infalible y perpetua marca de los suyos, en S. Juan, cap. 13: «En esto (dice) conocerán todos que sois mis discípulos, si tuviereis amor los unos con los otros». Por la falta de esta argumenta el Apóstol a los Corintios que no son mas que hombres: «Porque (dice) todavía sois carnales: pues habiendo entre vosotros celos, y contiendas, y disensiones, ¿no sois carnales, y andáis como hombres?»[13] Y de aquí toma la occasion para exhortarlos tan copiosamente a la caridad.

XII. La séptima señal es la cruz y la aflicción en el mundo, habiendo incurrido en enemistad irreconciliable y odio perpetuo junto con Él, al profesar la verdadera piedad, y confesar el nombre del Señor. Dios tiene ordenado que su Iglesia esté perpetuamente sujeta a dicha cruz en este mundo, por las razones que el Espíritu Santo revela en su palabra.[l] El Señor en muchos lugares señala esta marca en los suyos:[m] « De cierto, de cierto os digo, que vosotros lloraréis y lamentaréis, y el mundo se alegrará. En el mundo tendréis aflicción. Si a mí me han perseguido, también a vosotros os perseguirán. El siervo no es mayor que su señor. Si fuerais del mundo, el mundo amaría

---

13. Reina está citando aquí 1 Corintios 3:3

and 11). The Apostle expresses the same message in many places, even to the Galatians, as the final proof of his apostleship, saying: "From now on let no one trouble me, for I bear in my body the marks of the Lord Jesus."[14]

XIII. These signs (and any others that may be similar) are understood to be the perpetual and legitimate marks by which God has identified His Church in all times. Although they may not be perfectly displayed in the current state (which contains a mixture of corruption and has not yet reached, nor will reach, the highest perfection, and whose fulfillment, as the Apostle teaches in many places,[n] will be in the resurrection of the dead and not before), they must necessarily be found in the conduct of the Christian, even with imperfections and faults, which will be supplemented by his ardent desire and continuous effort to have them in perfection. Since we have identified them as legitimate and necessary signs of the children of God and of His true people, we do not refuse to be examined by them to be recognized in the Lord's Church as legitimate members of it.[15]

---

14. Reina here quotes Galatians 6:17

15. The length and profundity of this chapter demonstrate Reina's comprehension of the Christian faith as one which is practical and living, not abstract or theoretical.

[a] Galatians 5

[b] Matthew 7

[c] Psalm 1; Jeremiah 17

[d] Psalm 72, 9, 16, 35, 59,

Psalm 135, 115

[e] 1 Peter 4

[f] Ephesians 4, Colossians 3, 4

[g] Proverbs 1

lo suyo» (Mat. Caps. 10 y 11). El Apóstol en muchos lugares dice lo mismo; incluso a los Gálatas, por última prueba de su Apostolado alega esta señal de sí mismo diciendo: «De aquí en adelante nadie me cause molestias; porque yo traigo en mi cuerpo las marcas del Señor Jesús».[14]

XIII. Estas (y si hay otras algunas que con ellas lo puedan ser) entendemos que son las señales perpetuas y legítimas con que Dios marcó a su Iglesia en todos los tiempos; las cuales, aunque por el presente estado (que tiene una mezcla de corrupción, y no ha llegado, ni llega, a la suma perfección, antes se vive todavía esperándola, cuyo cumplimiento será, como el Apóstol enseña en mucho lugares,[n] en la resurrección de los muertos, y no antes) no se hallen tan perfectamente como aquí las hemos pintado, y es de desear, no obstante, han de hallarse todas necesariamente en la conducta del cristiano, aunque sea con sus imperfecciones y faltas, las cuales suplirá en Él el ardiente deseo y continuo esfuerzo de tenerlas en perfección. Y dado que las hemos puesto por legítimas y necesarias señales de los hijos de Dios y de su verdadero pueblo, no rehusamos ser examinados por ellas para ser reconocidos en la Iglesia del Señor por legítimos miembros de ella.[15]

---

14. Reina está citando aquí Gálatas 6:17

15. La longitud y la profundidad de este capítulo demuestran la comprensión de Reina de la fe cristiana como una que es práctica, viva, no abstracta ni teórica.

[a] Gálatas 5	Salmo 135, 115
[b] Mateo 7	[e] 1 Pedro 4
[c] Salmo 1; Jeremías 17	[f] Efesios 4, Colosenses 3, 4
[d] Salmo 72, 9, 16, 35, 59,	[g] Proverbios 1

[h] Luke 6; Ephesians 4;
1 Peter 3; 1 Timothy 3, 8;
Colossians 3

[i] Wisdom of Solomon 1

[j] Matthew 5; Luke 6;
1 Peter 2

[k] Colossians 3; John 13, 14,
15, 16, 17; 2 Corinthians 1

[l] Romans 3, 8,
2 Corinthians 4, 5

[m] John 13, 14, 15, 16

[n] 2 Corinthians 4;
Philippians 1; 2 Timothy 3;
Hebrews 10; Galatians 6

[h] Lucas 6; Efesios 4;
1 Pedro 3; 1 Timoteo 3, 8;
Colosenses 3

[i] Sap. 1

[j] Mateo 5; Lucas 6; 1 Pedro 2

[k] Colosenses 3; Juan 13, 14,
15, 16, 17; 2 Corintios 1

[l] Romanos 3, 8,
2 Corintios 4, 5

[m] Juan 13, 14, 15, 16

[n] 2 Corintios 4; Filipenses 1;
2 Timoteo 3; Hebreos 10;
Gálatas 6

CHAPTER XX

On the Remission of Sins; on the Power of the Keys and of Their Legitimate Use

I. We confess that in this holy assembly there is the power to bind and loose sins,[a] which the Lord calls the keys to the kingdom of heaven.[b] We understand that this is nothing other than the pure proclamation of the Gospel, through which forgiveness of all sins and the imputation of full and true righteousness is granted to all believers, on account of the death and resurrection of the Lord, and eternal damnation and the wrath of God is pronounced upon all impenitent rebels and unbelievers of this glorious news.[c]

II. We understand that this authority primarily and immediately resides in Christ,[d] the only pontiff, priest, and reconciler for us, and by His commission, it resides in all legitimate ministers of His Gospel,[e] whose words are linked to this authority.[f] There is no reservation for some ministers over others in the use of this authority,[g] nor can there be, because all have it in equal measure,[h] whether to fully absolve before the divine judgment all those who, by true repentance and faith, are deemed capable of receiving forgiveness, or to pronounce condemnation in the same judgment on all the impenitent and unbelieving.[16]

---

16. See Calvin, *Institutes*, IV, iii, 7-8.

CAPÍTULO XX

De la remisión de los pecados; de la potestad de las llaves y de su uso legítimo uso

I. Confesamos que en esta santa compañía hay potestad para atar y desatar los pecados,ᵃ la cual el Señor llama las llaves del reino de los cielos.ᵇ Entendemos que esta no es otra cosa que el anuncio puro del Evangelio, por el cual se da remisión de todos los pecados e imputación de justicia entera y verdadera a todos los creyentes, en virtud de la muerte y resurrección del Señor, y se anuncia maldición eterna y la ira de Dios sobre todos los impenitentes rebeldes e incrédulos a esta gloriosa nueva.ᶜ

II. Entendemos que esta autoridad reside primera e inmediatamente en Cristo,ᵈ el único pontífice, sacerdote y pacificador nuestro, y por comisión suya reside en todos los legítimos ministros de su Evangelio,ᵉ a cuya palabra está ligada dicha potestad.ᶠ En el uso de esta autoridad no hay ninguna reservación para algunos ministros sobre otros,ᵍ ni la puede haber, porque todos la tienen en igual grado,ʰ ya sea para dar por enteramente absueltos delante del juicio divino a todos los que por verdadera penitencia y fe juzgaren ser capaces de recibir perdón, o para dar por condenados en el mismo juicio a todos los impenitentes e incrédulos.[16]

---

16. Consulta Calvino, *Institución*, IV, iii, 7-8.

III. We also acknowledge that this remedy serves in the Lord's Church not only to absolve past sins for those who are admitted for the first time but is even perpetual[i] in the Church for all the times that, after having once become members of Jesus Christ, they fall into any kind of sin, for our corruption is perpetual, and so is the danger of falling as long as we live in this life. Likewise, God's mercy is eternal to receive us for forgiveness,[j] and the priesthood of the Lord Jesus and the value of His sacrifice are also eternal to intercede for us before the heavenly Father.[k]

[a] John 20

[b] Matthew 18

[c] Romans 1

[d] Revelation 1, 3;
Isaiah 21

[e] Matthew 18; John 20

[f] Isaiah 61; Luke 4

[g] John 20

[h] Matthew 18; 1 John 2

[i] Romans 7; Galatians 5;
1 John 1;

[j] Psalm 130; Isaiah 53;
Joel 2

[k] See Chapters 8 and 9

III. Asimismo confesamos que este remedio sirve en la Iglesia del Señor, no solo para absolver los pecados pasados a los que por primera vez son admitidos en ella, sino que incluso es en ella perpetuo, para todas las veces que, después de ser hechos una vez miembros de Jesucristo, cayeren en cualquier tipo de pecado que sea, pues nuestra corrupción es perpetua,[i] así como el peligro de caer todo el tiempo que vivamos en esta vida. De igual manera, es eterna la divina misericordia para recibirnos al perdón,[j] y el Sacerdocio del Señor Jesús y el valor de su sacrificio también son eternos para interceder por nosotros delante del Padre celestial.[k]

[a] Juan 20

[b] Mateo 18

[c] Romanos 1

[d] Apocalipsis 1, 3;
Isaías 21

[e] Mateo 18; Juan 20

[f] Isaías 61; Lucas 4

[g] Juan 20

[h] Mateo 18; 1 Juan 2

[i] Romanos 7; Gálatas 5;
1 Juan 1;

[j] Salmo 130; Isaías 53;
Joel 2

[k] Consulta capítulos ocho
y nieve

CHAPTER XXI

On the Resurrection of the Dead; on the Last Judgment; on the Eternal Life of the Pious; and of the Eternal Death of the Wicked

I. We confess that we live in hope of a glorious resurrection of all things,[a] by which we groan,[b] along with all creatures subjected to vanity and corruption because of human sin, hoping for their restoration in the complete redemption of the children of God. In this hope, we expect to attain full perfection of righteousness and holiness[c] when the reign of sin and death is completely destroyed in the world, and all our corruption, both physical and spiritual, and all the afflictions suffered by the children of God will be finished.[d] Then, all things will be subjected to Christ,[e] who will deliver the kingdom to the Father, and God will be all in all of us. This is the kingdom of God[f] for which we yearn and fervently pray to our heavenly Father for its coming.[g]

II. We believe that this complete redemption will be given to us in the final resurrection,[h] where we believe that all flesh will be resurrected,[i] both of the wicked and the righteous, but for different purposes and by different principles. The godly, depending on the resurrection of Jesus Christ as their primary cause, will be resurrected in their own flesh to eternal life by the power of the divine seed that has been sown in them[j] through the Divine Word and faith.[k] It is impossible that they be held forever in the bonds of death,[l] for the same reason that the

CAPÍTULO XXI

De la resurrección de los muertos; del Juicio Final;
de la vida eterna de los piadosos; y
de la muerte eterna de los impíos

I. Confesamos que vivimos en esperanza de una gloriosa resurrección de todas las cosas,[a] por la cual gemimos,[b] con todas las criaturas que, sujetas a vanidad y corrupción por el pecado del hombre, esperan también su restauración en la entera redención de los hijos de Dios; en la cual esperamos alcanzar entera perfección de justicia y de santidad,[c] al ser destruido por completo el reino del pecado y de la muerte en el mundo, y terminada toda nuestra corrupción,[d] tanto corporal como espiritual, y todas las aflicciones que los hijos de Dios padecen. Entonces todas las cosas estarán sujetas a Cristo,[e] el cual entregará el reino al Padre, y Dios será todas las cosas en todos nosotros. Este es el reino de Dios,[f] por el cual suspiramos y pedimos con ardiente oración cada día al Padre celestial que venga.[g]

II. Esta entera redención creemos que se nos dará en la resurrección final,[h] donde creemos que resucitará toda carne,[i] tanto de malos como de buenos, aunque para diversos fines y por diferentes principios. Los piadosos, por depender su resurrección de Jesucristo, como de primera causa, creemos que resucitarán en su misma carne para vida eterna, por virtud de la simiente divina que en ellos se sembró[j] por la Divina Palabra y por la fe,[k] a causa de la cual es imposible que sean detenidos para siempre en las prisiones de la muerte,[l] por la misma razón que

Lord Jesus could not, in whose resurrection they have the most certain pledge of their own and infallible experience of what the divine nature will do for them, of which they already partake through His Spirit.[m] The wicked will also be resurrected in their own flesh but not by the power of the Spirit of Christ, nor by any divine seed within them (since they never received it). They will be raised by the power of God, who created them out of nothing, to undergo the eternal punishment of His wrath in both body and soul.

III. After this universal resurrection of the righteous and the wicked, Jesus Christ, to whom the Father has given the administration of the Kingdom[n] and, consequently, the Judgment,[o] will manifest Himself visibly in the power and majesty of God.[p] Before Him, all flesh will stand to receive the final judgment of their eternal state according to their works.[q] The righteous, united with God, will receive the reward of eternal life[r] and will be admitted to share in His glory with Christ. Just as they were justified by their faith in Him, they will also partake of His righteousness,[s] and just as they shared in His cross, the divine counsel that predestined them to be glorified in Christ will be fulfilled.[t] The wicked, destined for eternal damnation, will be condemned to eternal separation from the sight of God,[u] which will be eternal torment. They will share this suffering in the company of Satan, whose nature they participated in and whose deeds they performed. They will be cast into hell, in the company of death,[v] which will be sealed with them, so that they may die perpetually in eternal flames where their torment will have no end.[w] [17]

---

17. Regarding the doctrine of predestination and the eternal punishment destined for the ungody, Reina declares which Calvin had written in his *Institutes*, III, xxv, 9.

tampoco el Señor Jesús lo pudo ser, en cuya resurrección tienen prenda certísima de la suya y experiencia infalible de lo que por ellos hará la naturaleza divina, de la cual por su Espíritu son ya partícipes.[m] Los impíos asimismo creemos que resucitarán en su misma carne; pero no por virtud del Espíritu del Cristo, ni de simiente divina que tengan dentro de sí (pues nunca la recibieron), sino por el poder de Dios, que como los creó de la nada, los levantara de la muerte, para que en cuerpo y alma sufran eternamente el castigo de su ira.

III. Confesamos que, después de esta universal resurrección de buenos y malos, Jesucristo, a quien el Padre ha dado la administración del Reino,[n] y por consiguiente el Juicio,[o] que se manifestará de forma visible en potencia y majestad de Dios,[p] delante del cual se presentará toda carne para recibir sentencia final de su estado eterno según sus obras,[q] donde los buenos unidos con Dios recibirán galardón de vida eterna[r] y serán admitidos a participar de su gloria con Cristo, como lo fueron acá por su mérito a participar de su naturaleza y justicia,[s] y asimismo de su cruz, para que de esta manera tenga su entero cumplimiento el divino consejo que en Cristo los predestinó desde antes del siglo,[t] los llamó y justificó a su tiempo en el mismo, para glorificarlos al final. Los malos, destinados a eterna maldición, serán enviados a una eterna privación de la vista de Dios,[u] lo cual les será eterno dolor y tormiento, en compañía de Satanás, de cuya naturaleza participaron y cuyas obras hicieron; con el cual serán sepultados en el infierno, en compañía de la muerte,[v] que con ellos será encerrada, para que perpetuamente mueran, donde su cuerpo arderá y no morirá ni su tormento tendrá fin.[w][17]

---

17. En cuanto a la doctrina de la predestinación y el castigo eterno destinado para los impíos, Reina declara lo que Calvino había escrito en su *Institución*, III, xxv, 9.

[a] Matthew 28; Mark 13; Luke 21

[b] Romans 8

[c] 1 Corinthians 5; Galatians 5

[d] 1 Corinthians 15; Isaiah 25; Revelation 7, 21

[e] 1 Corinthians 15; Hebrews 2

[f] Matthew 25; Luke 21, 22

[g] Matthew 6

[h] Colossians 3; 1 John 3

[i] Job. 19; Ezekiel 37; 1 Corinthians 4

[j] Romans 8; John 6, 11

[k] Mark 4; Luke 8; Ephesians 5; Philippians 2; James 2; 1 Peter 1:23; 1 John 1

[l] Acts 2

[m] 1 Corinthians 15; Colossians 2; 1 Thessalonians 4

[n] See Chapters 6 and 9

[o] John 5; Psalms 72

[p] Matthew 26; Mark 13, 14; Luke 21; Acts 1

[q] 1 Timothy 5; Acts 19

[r] Matthew 25

[s] 1 Peter 5

[t] Romans 8; Ephesians 1; 1 Peter 1; Matthew 25

[u] Matthew 25

[v] Isaiah 25; Revelation 7, 20

[w] Psalms 49; Isaiah 66

[a] Mateo 28; Marcos 13; Lucas 21

[b] Romanos 8

[c] 1 Corintios 5; Gálatas 5

[d] 1 Corintios 15; Isaías 25; Apocalipsis 7, 21

[e] 1 Corintios 15; Hebreos 2

[f] Mateo 25; Lucas 21, 22

[g] Mateo 6

[h] Colosenses 3; 1 Juan 3

[i] Job. 19; Ezequiel 37; 1 Corintios 4

[j] Romanos 8; Juan 6, 11

[k] Marcos 4; Lucas 8; Efesios 5; Filipenses 2; Santiago 2; 1 Pedro 1:23; 1 Juan 1

[l] Hechos 2

[m] 1 Corintios 15; Colosenses 2; 1 Tesalonicenses 4

[n] Consulta capítulos seis y nueve

[o] Juan 5; Salmo 72

[p] Mateo 26; Marcos 13, 14; Lucas 21; Hechos 1

[q] 1 Timoteo 5; Hechos 19

[r] Mateo 25

[s] 1 Pedro 5

[t] Romanos 8; Efesios 1;

1 Pedro 1; Mateo 25

[u] Mateo 25

[v] Isaías 25; Apocalipsis 7, 20

[w] Salmo 49; Isaías 66

Conclusion

This is, brothers in Christ, our Faith, which we understand is not attained through human teaching or diligence, but is a pure gift from God, communicated to the world by grace, through His sole mercy and generosity, and planted by the power of His Spirit in those who are to be saved[a] through Jesus Christ. We have sufficed here to declare and confess its main articles so that through this confession, we may be recognized as members of the true Church of the Lord and admitted among those who are as well.[b] However, since we also understand that in this divine teaching, no one can have profited so much that they do not have much more to learn while living in this life, because the knowledge of Christ (who is the beginning of this heavenly wisdom) is a treasure of divine wisdom that cannot be exhausted;[c] therefore, we humbly implore the Lord, whose own duty is to give it, to increase and establish it more each day in our souls until we reach the perfection marked out for us in Christ, which we aspire to.[d]

Secondly, we beseech and exhort, in the name of the Lord, all our brothers in this faith, to bear with love our faults, both all the others and those they may notice in this, our Confession, and with the same love, to teach us what we lack.

For the clarity of our Faith, we provide, in summary, the common Creed of Faith of the universal Church, in which we believe in God the Father Almighty, Creator of heaven and earth, and in Jesus Christ, His only Son, our Lord, who was conceived by the Holy Spirit, born of the Virgin Mary; suffered under Pontius Pilate, was crucified, died, and was buried; He

Conclusión

Esta es, hermanos en Cristo, nuestra Fe, la cual entendemos que no es alcanzada por enseñanza ni diligencia humanas, sino que es puro don de Dios, comunicado al mundo por gracia, por su sola misericordia y generosidad, y plantado por la virtud de su Espíritu en los que por Jesucristo han de ser salvos.[a] Aquí nos ha bastado declarar y confesar los principales artículos de ella, a fin de que mediante esta confesión seamos reconocidos como miembros de la verdadera Iglesia del Señor y admitidos entre los que también lo son.[b] Sin embargo, por cuanto conocemos también que en esta enseñanza divina ninguno puede haber sacado tanto provecho que no le quede mucho más que aprender, entretanto que se vive en esta vida, por ser el conocimiento de Cristo (que es el principio de esta sabiduría celestial) un tesoro de sabiduría divina que no se puede agotar;[c] por tanto, rogamos con toda humildad primeramente al Señor, cuyo propio oficio es darla, la aumente y arraigue cada día más en nuestras almas, hasta que lleguemos a la perfección que en Cristo nos es señalada, a la cual aspiramos.[d]

En segundo lugar, rogamos y exhortamos por el Señor a todos los que en esta fe son hermanos nuestros, que soporten con amor nuestras faltas, tanto todas las demás como las que en esta nuestra Confesión podrán notar, y con el mismo amor nos enseñen en lo que nos falta.

Para más claridad de nuestra Fe, damos en resumen de nuestra Confesión a toda la Iglesia universal su común Credo de Fe; por el cual Creemos en Dios Padre Todopoderoso, Creador del cielo y de la tierra. Y en Jesucristo su Único Hijo,

descended into hell; on the third day, He rose from the dead, ascended into heaven, and is seated at the right hand of God the Father Almighty. From there, He will come to judge the living and the dead. We believe in the Holy Spirit, the holy universal Church, the communion of saints, the forgiveness of sins, the resurrection of the body, and life eternal.

AMEN.

[a] Ephesians 2

[b] Ephesians 2, 4; Colossians 1; 1 Peter 2; 2 Peter 3

[c] Colossians 1, 2

[d] Ephesians 4

Señor nuestro, que fue concebido del Espíritu Santo, nació de la virgen María; padeció bajo el poder de Poncio Pilato, fue crucificado, muerto y sepultado; descendió a los infiernos; al tercero día resucito de los muertos, subió a los cielos, está sentado a la diestra de Dios Padre todopoderoso; desde allí vendrá a juzgar a los vivos y a los muertos. Creemos en el Espíritu Santo. La santa Iglesia universal. La comunión de los santos. El perdón de los pecados. La resurrección de la carne. La vida eterna.

AMÉN.

[a] Efesios 2

[b] Efesios 2, 4; Colosenses 1;
1 Pedro 2; 2 Pedro 3

[c] Colosenses 1, 2

[d] Efesios 4

Appendix for the Reader

This is, dear reader, the summary of all Christian doctrine, revealed by God to humanity, first through His Prophets, and later through His only begotten Son. He alone commands humanity to hear, as He alone fully knows His will and has the responsibility to proclaim it to the world. Through this message, people can find the way to heaven and eternal life, and those who embrace it wholeheartedly with true faith and order their entire lives by it will be saved. Everyone else remains subject to death and eternal perdition.

This is the doctrine of the true Gospel, which the Lord preached and confirmed with all His miracles and, in the end, with His own death and resurrection. As He ascended to the heavens, He entrusted His apostles and disciples to teach it to humanity, as they had heard from Him, and He also gave them the authority to confirm it with miracles and signs of such power that they would testify to its truth and certainty. This is what they preached throughout the world, and God sealed and confirmed it with their preaching, as the apostle says, with signs, wonders, and various miracles, and with gifts of the Holy Spirit according to His will.[a]

The entire world, the most powerful and prominent figures in it, rose against this doctrine, just as they did against the teacher and author of it while He preached it, until they crucified Him for it. However, what the world obtained from this blasphemy and foolish endeavor was the same outcome as those who crucified the Lord for it. They confirmed it further and, through their most stubborn resistance, prepared it to be-

Apéndice para el lector

Este es, amigo lector, el resumen de toda la doctrina cristiana, revelada por Dios a los hombres primeramente por medio de sus Profetas y después por medio de su Hijo unigénito, al cual solo manda a los hombres oír, como a aquel que solo conoció y conoce enteramente toda su voluntad, y ante todos tiene el cargo de anunciarla en el mundo, para que por ella conozcan los hombres el camino al cielo y a la vida eterna, y se salven los que la abracen de todo corazón, y con verdadera fe ordenen por ella toda su vida, quedando todos los demás sujetos a muerte y perdición eternas.

Esta es la doctrina del verdadero Evangelio, la cual el Señor predicó y confirmó con todos sus milagros, y al final, con su misma muerte y resurrección, y la cual, al ascender a los cielos, encomendó a sus apóstoles y discípulos que la enseñaran a los hombres, como la habían oído de él, dándoles asimismo potestad de confirmarla con milagros y señales de tal poder que testificaran de su verdad y certidumbre. Esta es la que ellos predicaron por todo el mundo, y la que Dios selló y confirmó a su predicación, como dice el apóstol, con señales y prodigios y maravillas, y con dones evidentes del Espíritu Santo, conforme a su voluntad.[a]

Contra esta doctrina se armó todo el mundo, los más poderosos y notables en él, como lo hicieron contra el maestro y autor de ella, mientras Él la predicó, hasta ponerlo en la cruz por causa de ella; pero lo que el mundo obtuvo de esta blasfemia y loca empresa fue lo mismo que obtuvieron los que por ella crucificaron al Señor, que fue confirmarla más y hacer que,

come a more illustrious and glorious trophy of eternal life.

This doctrine, as taught by the Lord Jesus, propagated by His apostles, testified and confirmed not only with numerous and marvelous miracles but also with so much martyrs' blood, has remained in the world as the only treasure of the Christian Church. It has persisted to this day and will endure even after the world perishes because, as the Prophet teaches, it is the word of God, and it will remain forever.[b] Although the world rages against it, when it wants to conspire, plot, scheme, and implement all its strategies, they will all be scattered and turn into smoke, without achieving their desired end. For God is with us, and Christ's promise is firmer than the heavens themselves: "The gates of Hell will not prevail against it." Dear reader, it has been necessary to provide you with this warning so that no one can mislead you into thinking that this is a new doctrine that began with Dr. [Martin] Luther, etc.

It is a lie and blasphemy against God and His Christ (as is evident from the context), the true author and defender of the doctrine. Through His great mercy and the fulfillment of His promise (made from eternity), He has chosen to restore and reinstate it in our times, amid the filth and dung of human inventions and accursed superstitions with which the ignorance and recklessness of false pastors and teachers of the Church have buried it. This is clear from practices such as indulgences, jubilees, blessed accounts, pardons, purgatory, obsequies, anniversaries, invocations of saints, enormous and inexcusable idolatries, the profanation of sacraments, and all the other abuses and deceptions that we cannot fully enumerate here.

To cleanse His Church of such filth, the Lord was pleased to use Luther, or this man, or that one. This neither adds nor subtracts anything from the progress of the Reformation,

con su más pertinaz resistencia, a ella se aparejase trofeo más ilustre y glorioso de vida eterna.

Esta doctrina así enseñada por el Señor Jesús, propagada por sus apóstoles, testificada y confirmada no solamente con tantos y tan prodigiosos milagros, sino también con tanta sangre de mártires, quedó en el mundo como el único tesoro de la Iglesia Cristiana, y ha quedado hasta hoy, y permanecerá incluso después de que perezca el mundo, porque por ser, como enseña el Profeta, palabra de Dios, permanecerá eternamente.[b] Aunque el mundo se enfurezca contra ella, cuando quisiere, conspire, concierte, maquine y ponga en efecto todos sus consejos, todos serán disipados y se volverán humo, sin poder llevarlos al fin que desean. Porque Dios está con nosotros; y la promesa de Cristo es más firme que los cielos mismos; las puertas del Infierno no prevalecerán contra ella. Amigo lector, ha sido necesario darte aquí esta advertencia, para que nadie te haga entender que esta es una doctrina nueva que comenzó con el Dr. [Martín] Lutero, etc.

Mentira es y blasfemia contra Dios y su Cristo, que (como por el discurso de ella se ve claro) es su verdadero autor y defensor; el cual por su grande misericordia, y por el cumplimiento de su promesa (hecha desde la eternidad), la ha querido restaurar y restituir en nuestros tiempos de tanta inmundicia y estiercol de invenciones humanas y malditas supersticiones, con que la ignorancia y temeridad de los falsos pastores y maestros de la Iglesia la han sepultado, como parece claro por sus indulgencias, jubileos, cuentas benditas, perdonanzas, purgatorios, obsequias, aniversarios, invocaciones de los santos, idolatrías enormes e inexcusables, profanación de sacramentos, con todo los demás abusos y engaños que aquí no podríamos mencionar sin extendernos demasiado.

which we must consider and respect on its own merits. They are instruments that God employs, for whom we should even express gratitude for their work and reverence and obedience to their ministry, as if it were Christ's own. This is particularly true when we recognize that the errors and darkness are ours, and God's compassion and mercy are responsible for rescuing us from them through such instruments, whom He chose for this illustrious work.

If the world now opposes this doctrine, it should not surprise us, for it is doing nothing new or unusual, considering its nature. What would be surprising is if the world embraced it without any contradiction. We should be even less amazed by its great diligence in persecuting it through the hands of its inquisitors, their henchmen, the harshest prisons, their tortures, their sanbenitos, fires, and what is (according to the flesh) worse than all: the shame of falling into their hands as heretics.

All these are empty threats and delusions by which the devil, who works through them and within them, attempts to frighten those who try to escape their miserable captivity into the freedom of God's children. If the Lord, after making us partakers of His light, considers it appropriate to subject our faith to such trials, choosing us as martyrs and faithful witnesses to His truth, it is a singular blessing from Him, for which we should offer our renewed gratitude.

The special mercies and gifts that He communicates to us in the midst of such trials would be ample reward for all our suffering. After all, what reward could be greater than having been partakers of His shame and cross? Let us go forth with Him, bearing some of the reproach that He endured for us, with the assurance that if we suffer with Him, we will also reign with Him.[c] To Him who reigns with the Father and the Holy

Para limpiar su Iglesia de tanto tipo de inmundicias, le plació al Señor servirse de Lutero, o de este hombre, o del otro. Esto nada quita ni añade en el avance de la Reforma, el cual por si solo debemos procurar considera y acatar. Son ellos instrumentos que Dios usa, a los cuales aun debemos agradecimiento por su labor, y reverencia y obediencia a su ministerio, como al del mismo Cristo, cuando nos damos cuenta de que nuestros son el error y las tinieblas, y de Dios la compasión y la misericordia al sacarnos de allí, por medio de tales instrumentos, los cuales le plació tomar para tan ilustre obra.

Si el mundo ahora resiste a esta doctrina, no es de sorprendernos, porque no hace nada nuevo ni extraño a su condición, como lo haría si la abrazase sin contradicción alguna. Mucho menos nos debe espantar su grande diligencia en perseguirla por mano de sus Inquisidores, sus familiares, sus cárceles más duras que la misma muerte, sus tormentos, sus sambenitos, hogueras y lo que (según la carne) es más que todo: la vergüenza de haber caído en sus manos a título de herejes.

Porque todos estos son aspavientos e ilusiones vanas, con los cuales el diablo, que obra por ellos y en ellos, pretende espantar a los que tentaran de salirse de su miserable cautiverio a la libertad de hijos de Dios. Que si el Señor, después de habernos hecho partícipes de su luz, considerara apropiado pasar nuestra Fe por tales pruebas, escogiéndonos por mártires y testigos fieles de su verdad, beneficio singular suyo es, por el cual le debemos nuevo agradecimiento.

Las mercedes y dones especiales que nos comunicara en medio de tales pruebas serían más que suficiente recompensa de todo nuestro sufrimiento, pues ¿cuál recompensa será la de haber sido partícipes de su vergüenza y cruz? Salgamos, salgamos con Él fuera llevando alguna parte del oprobio que Él llevó

Spirit in heaven, where He also awaits us, be glory and eternal praise. Amen and amen.

[a] Hebrews 2
[b] Isaiah 58
[c] Hebrews 13

por nosotros, con la seguridad de que si con Él padecemos, con Él también reinaremos.[c] Al que con el Padre y el Espíritu Santo reina en los cielos, donde también nos espera, a Él sea la gloria y la alabanza eterna. Amén y amén.

[a] Hebreos 2

[b] Isaías 58

[c] Hebreos 13

About the Translators

STEVEN R. MARTINS is the founding director of the Cántaro Institute and founding pastor of Sevilla Chapel in St. Catharines. A second-generation Canadian, Steven is of Iberoamerican parentage and has worked in the fields of missional apologetics and church leadership for over ten years. Steven holds a Master's degree *summa cum laude* in Theological Studies with a focus on Christian apologetics from Veritas International University (Santa Ana, CA., USA) and has authored several books and articles. Steven is married to Cindy and they live in Jordan Station, Ontario, with their sons Matthias, Timothy, and Nehemías.

DANIEL J. LOBO is an ordanined minister in the Presbyterian and Reformed Church of Costa Rica (IPRCR). He is a founding board member of the Cántaro Institute. He also serves as professor at the Seminario Teológico Reformado Farel, where he teaches courses on Systematic Theology, Philosophy and Christian Thought. He studied English Teaching at UNED (CR) and Translation in the ULACIT (CR). Afterwards, he obtained his Bachelor of Liberal Arts (BA) in Theological Studies from Miami International Seminary. He is involved with Ligonier Ministries as a translator and editor, as well as with Editorial CLIR. Daniel pastors a church plant in San Carlos, Costa Rica, where he lives with his beautiful wife Natalia, and their children Mateo and Idelette.

Acerca de los traductores

STEVEN R. MARTINS es el director fundador del Cántaro Institute y pastor fundador de Sevilla Chapel en St. Catharines. Canadiense de segunda generación, Steven es de ascendencia iberoamericana y ha trabajado en los campos de la apologética misional y el liderazgo eclesiástico durante más de diez años. Steven tiene una Maestría en Estudios Teológicos *summa cum laude* con un enfoque en apologética cristiana de la Veritas International University (Santa Ana, CA, EE. UU.) y ha escrito varios libros y artículos. Steven está casado con Cindy y viven en Jordan Station, Ontario, con sus hijos Matthias, Timothy y Nehemías.

DANIEL J. LOBO es un ministro ordenado en la Iglesia Presbiteriana y Reformada de Costa Rica (IPRCR). Es miembro fundador de la junta directiva del Cántaro Institute. Además, se desempeña como profesor en el Seminario Teológico Reformado Farel, donde imparte cursos de Teología Sistemática, Filosofía y Pensamiento Cristiano. Estudió Enseñanza del Inglés en la UNED (CR) y Traducción en la ULACIT (CR). Posteriormente, obtuvo su Licenciatura en Artes Liberales (BA) en Estudios Teológicos en el Seminario Internacional de Miami. Colabora con Ligonier Ministries como traductor y editor, así como con Editorial CLIR. Daniel pastorea una iglesia plantada en San Carlos, Costa Rica, donde vive con su hermosa esposa Natalia y sus hijos Mateo e Idelette.

About the Cántaro Institute
Inheriting, Informing, Inspiring

The Cántaro Institute is a reformed evangelical organization committed to the advancement of the Christian worldview for the reformation and renewal of the church and culture.

We believe that as the Christian church returns to the fount of Scripture as her ultimate authority for all knowing and living, and wisely applies God's truth to every aspect of life, faithful in spirit to the reformers, her missiological activity will result in not only the renewal of the human person but also the reformation of culture, an inevitable result when the true scope and nature of the gospel is made known and applied.

www.ingramcontent.com/pod-product-compliance
Lightning Source LLC
Chambersburg PA
CBHW021639120626
46545CB00002B/613